まちの映画館

踊るマサラシネマ

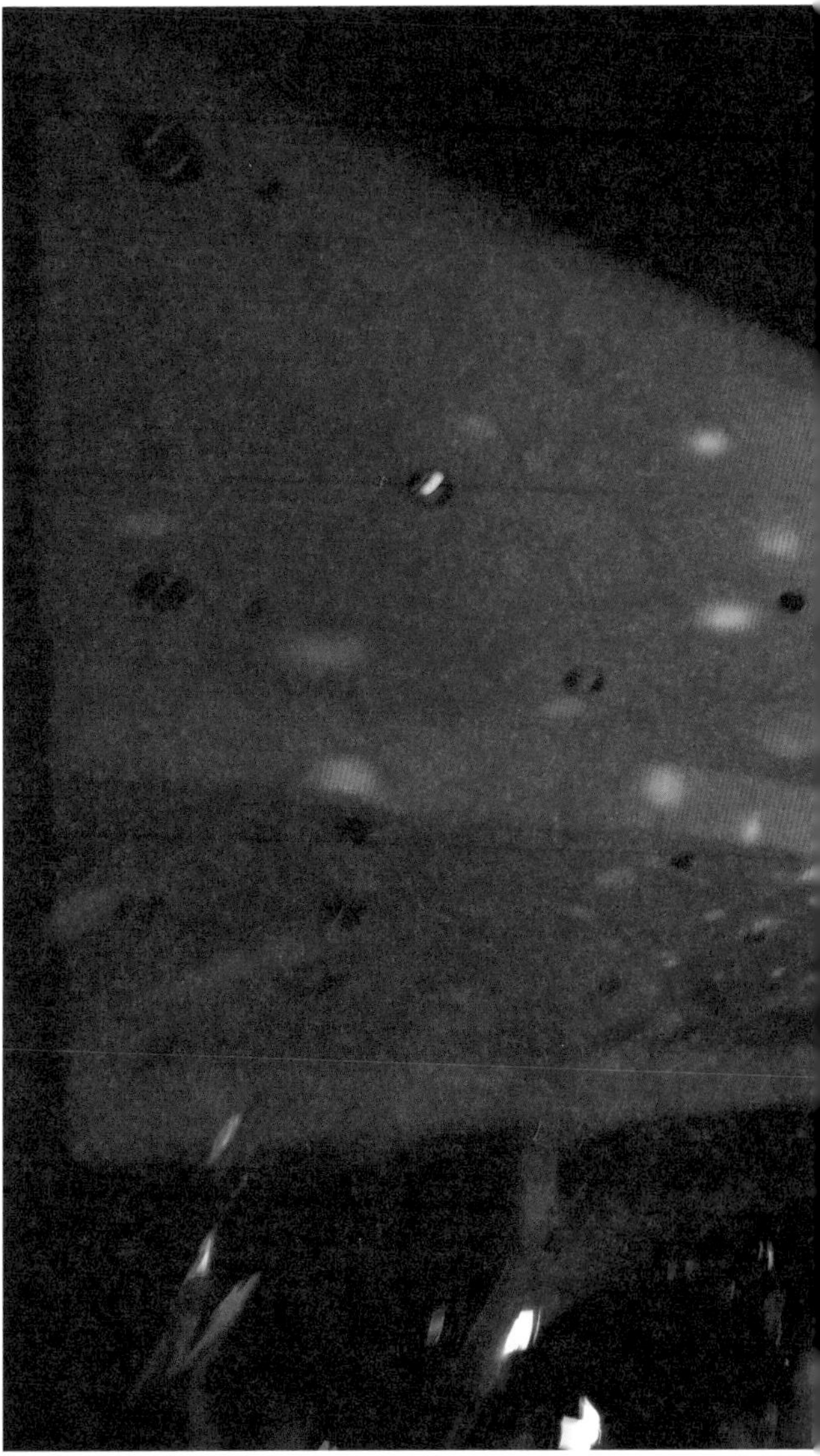
塚口DJ

紙吹雪が舞うマサラ上映

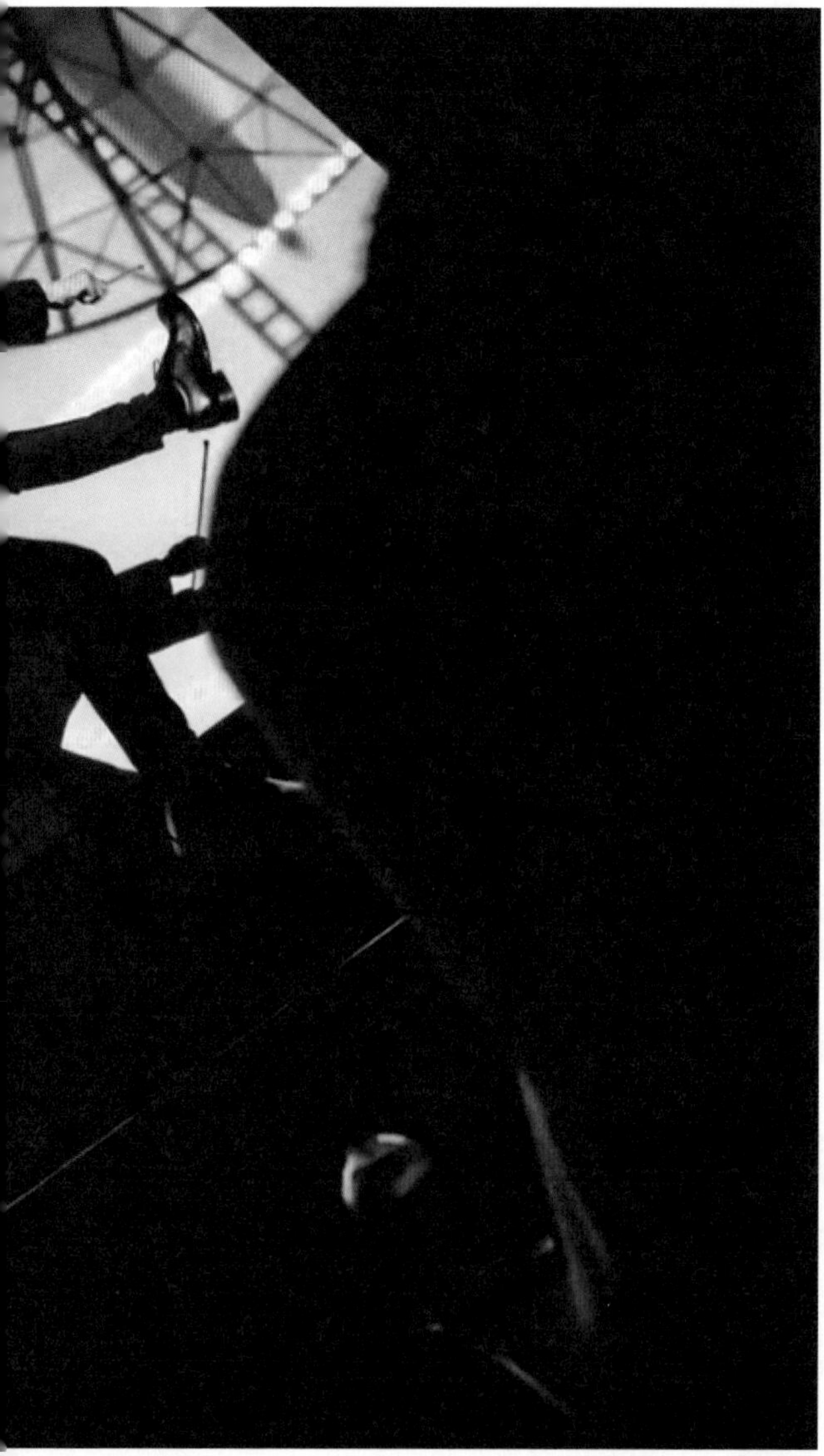

『グレイテスト・ショーマン』演出

まえがき

映画のテーマパークはありますが、テーマパークのような映画館はあるでしょうか？

この本は、兵庫県尼崎市で今年71年目を迎える古くて小さな映画館について書いた本です。その映画館の名前は「塚口サンサン劇場」。10年前までは、「昔、そんな映画館があったなぁ」と勝手に閉館扱いをされていた映画館でした。このままおとなしく閉館するか、それとも再起をかけて変わるかの二択を迫られた時、私たちは後者を選びました。しんどい道のりになることは覚悟していましたが、いざその道を進み始めると予想もしなかった”楽しいこと“がたくさんあったのです！

さて、簡単な自己紹介をさせていただきます。私は、塚口サンサン劇場で仕事を始めて20年以上になる、戸村文彦という営業部の一人です。お客様からはよく「館長」「支配人」と呼んでいただきますが、実際は、そんな立派な肩書を持たないただのいち営業部員に過ぎません。しかし、当館のような小さな映画館は、接客から番組編成から企画立案から掃除まで何でもやらないといけません。その延長に今回の執筆があります。

コロナ禍で世の中が停止した時、映画館も同じく休館をしました。先が見えず不安でしたが、逆に考えると、先が見えないならこの機会にこれまでの10年間を振り返ろうと思ったのです。だったらそれをコラムにして毎日配信すれば、面白いんじゃないか。そうして、これまで文章なんて書いたことがない素人の私が、「塚口サンサン劇場がこの10年間、どんなことをしてきたのか」という内容のコラム配信を始めたのです。最終的には膨大な量になりました。その中から印象深い出来事を集めたのがこの本です。

「映画館の本」と聞いて、名作映画『ニュー・シネマ・パラダイス』のようなお話を期待されたら、ごめんなさい。でも、塚口サンサン劇場だからこそ起きた「映画のようなドラマ」はきっと楽しんでいただけると思います。

目次

プロローグ

「ナートゥをご存知か？」

このセリフをきっかけに、まるで号令がかかったかのように、満員の観客が一斉に大歓声を上げながら、飛び上がる！

ダンスシーンで流れる劇中歌「Naatu Naatu」のリズムに合わせて一心不乱に踊り出す！

歓声を上げながら手を叩き、片足で立ってもう片方の足を前後に動かし、大きく体を揺らし5分間、座ることなくひたすら踊り続ける。

降り止まない大量の紙吹雪！　こうなれば、はっきりいってスクリーンは見えません（笑）。降り注がれる紙吹雪の中、汗だくになりながら踊り続ける観客の最高の笑顔・笑顔・笑顔!!

２０２２年10月21日に１本のインド映画が「その映画館」で公開されました。映画のタイトルは『ＲＲＲ』。１９２０年時代のインドを舞台にした、２人の男の数奇な運命と友情を、今までに見たことのない映像表現と熱いストーリー展開で描いた圧倒的エンターテインメント映画です。通常の映画興行ならば、半年も上映すればロングランと呼ばれますが、この『ＲＲＲ』は、これを書いている２０２３年12月も連日上映中で、すでに１年２ヵ月もの超超ロングランを継続中という前代未聞の映画です。『ＲＲＲ』のマサラ上映は幾度も開催しましたが、深夜０時に販売開始されるチケットは毎回瞬殺。しかも、全国各地からファンが集まります。

映画文化が盛んなインドでは、歌い、踊り、クラッカーを鳴らし、紙吹雪を撒きながら映画を楽しむという「マサラ上映」と呼ばれる独特の映画鑑賞スタイルがあります。実は、日本にも、この鑑賞スタイルを積極的に取り入れている映画館が各地にあります。その中でも「ひときわ頭がおかしい」という褒め言葉で紹介される映画館こそが、「その映画館」なのです。

「その映画館」、塚口サンサン劇場は兵庫県尼崎市にある小さくて古い、昭和の匂い残る昔ながらの駅前映画館です。１階にシアター４（１５５席）、地下2階にシアター１（47席）、シアター2（１１7席）、シアター3（１６5席）とスクリーン数は４つ。全シアターの座席数を足しても４８４席と、決して大きな劇場ではありません。１９５3年にこの塚口の現在地に開館し、１９７7年に現在の４スクリーンに改装をし、現在に至ります。２０２3年に開設70年を迎えることができました。

「その映画館」が、閉館寸前から全国から人が集まるようになるまでの道のりは、前途多難、危機一髪、紆余曲折、決して楽ではありませんでした。しかし、苦労と苦悩の辛い日々だったかというと、実はそんなことはなかったのです。

塚口サンサン劇場を初めて知った方は「こんな映画館があるんだ」と思っていただければ嬉しいですし、何よりも「映画館に久しぶりに行こうかな」「なんか映画が観たくなった」と思っていただければこの上ない幸せです。

さぁ、上映開始です。

第一章　閉館までのエンドロールが流れ始めた

塚口サンサン劇場は、昭和28（1953）年に「塚口劇場」という名前で開館しました。場所は現在と同じでも、会社が経営する映画館としては、実は4番目の劇場なのです。始まりは兵庫県の中央やや東に位置する西脇市でした。ここは200年以上の歴史を持つ播州織の繁栄でかつては全国に名を馳せたまちです。戦後間もない当時、紡績業が盛んだったこの地域に、若い人たちがたくさん働きに来ていました。しかし、娯楽施設がほとんどなく、建築関係の仕事をしていた創設者高尾常松の元に、地元から映画館を作ったらどうだろうと相談がありました。街が活性化するならと快諾し、終戦からちょうど1年後の昭和21（1946）年の8月に「西脇映画劇場」を開設しました。当初はここで終わるはずでした。

「こんだけ立派な映画館を建てたんやったら、ついでに経営もされたらどないですか?」ついでで映画館経営とはあまりにも突拍子もないことだったので、ビックリしたそうですが、「いっちょやってやるか!」と、映画館事業を始めることとなりました。

右も左もわからない映画興行の世界。当初は大変だったようです。それでも、笑顔で映画館を後にするお客様を見ているうちに、高尾社長は段々とこの仕事の面白さに気づき、やり甲斐を見出し、映画の世界の虜になっていきました。

そして、昭和26（1951）年に神戸市灘区の水道筋商店街に、2番目の劇場となる西灘劇場をオープン、翌27（1952）年には、西灘劇場の隣に3番目となる西灘第二劇場をオープンしました。そして、4番目となる塚口劇場（現在の塚口サンサン劇場）が昭和28（1953）年にオープンしたのです。

西灘劇場は、名画座としての役割を果たしながら、阪神大震災の時は、近隣の子どもたちのために無料上映会をするなどし、商店街の皆さんにも支えてもらいながら、平成16（2004）年5月31日に、53年間の幕を下ろしました。

西脇大劇（西脇映画劇場）は、播州地区唯一の映画館として愛され続け、平成26（2014）年に台風による川の氾濫で劇場が水没するという被害に見舞われながら何とか復活したものの、その3年後の平成29（2017）年10月28日に、61年間の役目を終えました。

塚口劇場が開館した当時の塚口は、一面田んぼだったそうです。阪急電鉄の沿線開発によって、将来住宅地になることを見越してこの場所に開館したのは、先見の明があったと思います。

さて、塚口劇場の記念すべき最初の上映作品はというと、残念ながら資料が残っておらず、当時の新聞広告からの推測になるのですが、東映製作による『曲馬団の魔王』と『真田十勇士 忍術猿飛佐助』だと思われます。塚口劇場は「塚口第一劇場」と名前を変え、昭和29（1954）年に「塚口第二劇場」、昭和31（1956）年に「塚口第三劇場」の3館体制へ。その後、各劇場の名称を「塚口サンサン劇場」「塚口シネマ」「塚口ロマン」に変更しました。

昭和42（1967）年頃に、尼崎市が阪急塚口駅周辺を市の北玄関として整備する再開発事業が始まり、昭和52（1977）年10月1日に一旦3館を閉館し、「塚口さんさんタウン」に入る形で、昭和53（1978）年7月7日に「塚口サンサン劇場」として再出発しました。

近年では、ほとんどの作品がデジタル上映ですが、それまでの上映形態は35ミリフィルムでした。35ミリフィルムは1作品を何巻かに分けて劇場に納品されます。大体、1巻あたり15分くらい。ですので、2時間の作品だと8巻程になり、1巻ずつ缶またはプラスチックの入れ物に入っています。そのフィルムの巻を順番につないでいくのですが、ごく稀に順番を間違えることがあります。当劇場でも昔、巻をつなぎ間違えていることに気づかず上映してしまい、上映の途中で「おーい！　さっき死んだ奴がまた出てきたぞ！」とお客様が気づいて、大騒ぎになったことがあります。

現在も当劇場は35ミリフィルム作品を定期的に上映しています。35ミリフィルム上映ができる映画館も今ではだいぶ少なくなりました。

昭和から平成初期までは、1館1スクリーンの映画館がほとんどでしたが、1館で複数のスクリーンを要するシネマコンプレックスという新しい波が訪れました。現在は、そのシネマコンプレックス、シネコンと呼ばれる大型で複数のスクリーンを備えた映画館が主流となっています。時代のニーズに応えるようにどんどん進化していくシネコンに対して、昔ながらの映画館は苦戦を強いられ、看板を下ろす映画館がたくさん出ました。

80年代のレンタルビデオブーム、90年代のシネコンの台頭、2000年代のスマートフォンの登場、そして近年の配信の時代と、映画館を取り巻く状況は目まぐるしく変貌していき、振り返ると常に逆風にさらされてきたといえます。

もうすぐ開設60年だという2010年頃のサンサン劇場は沈没寸前の船のようでした。映画でいうならエンドロールが流れ始めていました。商圏内に大きなシネコンが3サイトあり、塚口から電車で15分もあれば、梅田と三宮という都会にも出ることができて、当劇場を取り巻く環境は、八方塞がりで逃げ場がありませんでした。むしろこんな環境でよくまだ生き延びていることが、すでに奇跡でした。しかし、明るい未来なんて当然思い浮かびもしません。社内では、毎日のように「いつ閉館するのか？」という話が持ち上がる状況でした。コストカットのため、人員整理も行い、残った者たちで何とかしなくてはならない。このままではいけない。そんな思いで、少しでも浮上しようと、今までとは違う方向へ舵を切ることとなりました。

「このまま終わりたくない」そこから私たちの生き残りをかけた挑戦が始まりました。

こうしてお話ができるのも、閉館の危機を免れ、現在も毎日映画をお届けできているからです。その危機を免れることができたのは、とにかく行動あるのみでいろんなことに挑戦をして、失敗を繰り返し、その中でたくさんの素敵な出会いがあったからです。奇跡的な瞬間を何度も目の当たりにして、気がつけば10年以上の時が経っていたという感じです。とにかくスタッフ一同、毎日必死に走り続けていました。今もそれは変わりません。

奇跡は起こそうと思って起きるものではなく、起こそうと何度もチャレンジをして、何度も失敗をして、そのうち奇跡と思えるようなことが起こる、奇跡は確率に近いと思います。

振り返るとこの十数年間で、凪の状態なんて1日もありませんでした。常に荒波の中で、沈没寸前だった場末の映画館が、何度も訪れる危機にも、その都度必死の悪あがきをしながら、いつしか全国からお客様にお越しいただける劇場になり、未曾有のコロナ禍でも何とか現在まで生き残れたかを、これからお話ししていこうと思います。

第二章　崖っぷちから見えた希望の光

私たちは上映作品のことを「番組」と言い、上映スケジュールを「番組編成」と言います。昔、映画のチラシや新聞広告で「○○系でロードショー」という文字を見たことはないでしょうか？　何系という系列に入れば、定期的に映画が供給され番組が編成されていく仕組みでした。しかし、時代の変化とともにこの仕組みも様変わりし、２０１０年頃から当劇場の上映作品にも影響を及ぼすようになってきました。

この頃はというと、閑古鳥の鳴き声すら聞こえないという状況でした。何かしないとまずいぞという危機感から、セカンド上映を検討し始めました。ロードショー公開がファースト上映、ロードショー期間が終わった後に上映することをセカンド上映といいます。

半世紀以上の間、地元密着でロードショー映画を中心に上映してきたのでメインとなる客層は、ライトユーザーが中心でした。この時期にはライトユーザー層の足も離れていたので、再度足を運んでもらいつつ、映画の世界にもう一歩踏み込んでいただくためにはどうするかに頭を悩ませました。セカンド上映をするにしてもすでにロードショー公開された作品を上映するのですから、どれだけ観たいお客様が残っているのかわかりません。しかし、代案もなく悩んでいる時間の猶予もなく、セカンド上映を検討ではなく実行に移す必要に迫られました。

セカンド上映を始めても、お客様からのリアクションはあまりありませんでした。変わる覚悟はしたものの、この先本当にどうなるのかと不安でいっぱいだったのが正直なところでした。

そして、90年代を代表する名作『トレインスポッティング』を撮ったダニー・ボイル監督の新作『127時間』を上映した時です。この『127時間』という作品は、主人公の青年がロッククライミング中に谷に転落し、身動きの取れない状態から脱出を図るというサバイバル映画です。ダニー・ボイル監督は映画ファンにはお馴染みの監督という理由で選んだのですが、潜在的にこの映画の主人公と劇場を重ね合わせていたのかも知れません。『127時間』の上映が決定した頃から少しだけ雰囲気が変わり始めました。

「なんで塚口で?」「塚口ってどこ?」などの反応が静かに出てきました。さらに、劇場に来た人が、「これ見逃してたてん」とか、「こんなんするようになったん!」とか、一番大きかったのが、「あれはやらへんの?」と直接私たちに声をかけてリクエストをされるようになったことです。

もっともよく言われたのが、「本当は見たい映画はあるのだけど、なかなか遠くまで観に行けない」ということでした。地元密着で長年営業してきた強みとは、こういうことなのかと思いました。それならば、そのような作品をここで上映すればいいじゃないか！　セカンド上映のニーズはちゃんとあったのです。このニーズをしっかりと受け止めることができれば、この状況を打破できると腹を括り、本格的にセカンド上映を番組編成に組み込んでいくことにしました。

セカンド上映を始めてから、じわじわと雰囲気が変わってきました。しかし、ここでひとつの大きな問題が立ちはだかります。当劇場がまだデジタル化に対応していなかったのです。この頃から、急激なスピードで映画のデジタル化が進みます。時代の流れでもあり、技術の進歩でもあり、映画界にとっては新しい時代を迎える大きな転換期でした。デジタル化をすればいろいろな可能性が広がって、きっと素晴らしいことなのだとわかっているのですが、そう簡単に踏み切れるものではありませんでした。

最近では、高性能で安価なデジタル映写機もありますが、当時は高価な投資でした。全国にはまだデジタル化されていない劇場があったので、しばらくはデジタル素材とフィルム素材の2種類の上映素材を用意されていました。ただ、徐々にデジタルがメインとなり、フィルムの本数はかなり少ない状況でした。

デジタルの場合は、DCP（デジタルシネマパッケージ）と呼ばれる、大きなUSBのようなものの中に入っているデータを、DLP(デジタル映写機)のサーバーに取り込めば、すぐに別の劇場に上映素材を転送できます。しかしフィルムの場合はフィルムをつないで、テスト上映をして、上映終了後にフィルムをバラして元の状態にしてから転送という手順なので、どうしても時間と日数がかかります。ただでさえ時間がかかる上に、フィルムの本数が少ないので、ブッキング(上映確定)が遅れたら数ヵ月先まで待たないといけません。当時はまだフィルム上映のみの劇場が多かったので、この時期にこの作品を上映したいと思っていても、なかなか思うようにはいきませんでした。

それでも上映可能な作品を探しては、サンサン劇場の方向性を見つけるための試行錯誤を繰り返していました。どんな作品を上映すればいいのか、参考になる資料もデータもありません。とりあえず、いろんなジャンルの作品をまんべんなく上映すれば、その中から、お客様の求めているものが見えてくると考えました。

ただ、マニアックな路線には走らないことだけは気をつけました。映画の製作国はあまり気にしませんでしたが、なるべく有名俳優か有名監督の作品、わかりやすい内容、できれば上映時間は2時間以内。具体的にいうと、シネコンで上映をしていた作品を狙いました。ライトユーザーがシネコンを訪れた時に、そこでポスターやチラシを目にしたであろう作品です。これなら、一から作品を紹介しなくても、作品のタイトルとなんとなくの内容が認知されているので、とっつきやすいはずだからです。

番組編成の方向性が定まっていなかったので、お客さんの反応も薄く、このままで大丈夫だろうかと不安に思っていた時、「こういう映画があるんだけど、上映してみない？」と、上司から声がかかりました。今思えば、天の声です。

その映画こそ、サンサン劇場の運命を変えた作品、監督井口昇×主演板尾創路『電人ザボーガー』でした。『電人ザボーガー』は、1970年代にテレビで放映されていたヒーロー物で、30年以上ぶりに映画化されて復活した特撮ヒーロー映画です。地道に劇場の認知を広めていこうとし始めたところだったので、「突然、ザボーガーはどうなんだ…!?」と正直悩みました。地道に認知を広げるには時間がかかります。当時の私たちはその時間の余裕がないほど切羽詰まった状況でした。試しに思い切って振り切ってみるのもいいのではないかと思い、上映を決めました。

ところが、上映素材がブルーレイしかないことが判明！　万事休すと思ったのですが、数日後、1本だけ試写用に35ミリフィルムがあることがわかり、『電人ザボーガー』を兵庫県で上映するのは塚口のみということもあって、もうやるしかないとスタッフ一同妙にテンションが上がっていきました。

この頃から始めたTwitter（現X）で、上映決定の告知をツイートしてから奇妙なことが起こるようになりました。電話の問い合わせが急に増え、その内容が、「『電人ザボーガー』を上映すると聞いたのですが」に始まり、

「周辺にホテルありますか？」

「新大阪から近いですか？」

「伊丹空港からはタクシーと電車どちらが早いですか？」


ホテル？　新幹線？　飛行機？　なんで？　問い合わせの内容に耳を疑いました。私たちは理解できず、「これはもしかして自分たちの知っている『電人ザボーガー』とは別の『電人ザボーガー』が存在して勘違いをされているのではないだろうか？」と、真剣に考え込んでしまう程でした。「新幹線や飛行機を使って映画を観に行く」ということが信じられなかったのです。

『電人ザボーガー』の上映が始まると、本当に全国からお客様が集まってくださいました。連日、こんな状況になるなんて、想像もできなかったです。結果的に『電人ザボー

ガー』は多くの方にご覧いただくことができました。ツイートを見ていると、『電人ザボーガー』を35ミリフィルムで観られるということが、ファンの人たちにはたまらなかったみたいです。「『電人ザボーガー』を観に行ってきた」というツイート写真が、どう見ても新幹線の車内や飛行場のロビーから。「観たい映画があれば遠出もOK」と書き込む映画ファンがこんなにたくさんいるのだとわかったことで、本当に、「ザボーガー前／ザボーガー後」といえるくらい、その後のサンサン劇場の方向性が大きく変わりました。固定概念に縛られず、柔軟な発想で上映作品を選ぶことで、全国からお客様に来てもらえるんだということがわかり、希望の光が見えた気がしてエポックメイキングな作品となりました。

第三章　35ミリフィルムからデジタル化への決断

『電人ザボーガー』で確かな手応えを感じたことで、本格的に番組編成の変革を試み始めました。番組編成はお客様との信頼関係で成り立つと考えています。この考えは今も変わりません。変革を決めた時に、頭の中にはたくさんの映画のタイトルが浮かびましたが、そのどれもが時期尚早に思えました。子どもの頃から映画が好きで、数えきれないくらい映画を観てきたので、自分の中で「この映画を観てほしい！」という強い想いがないわけではありません。しかし、お客様と劇場の間に信頼関係が築けていない状態で、「自分の想い」をねじ込むことは自己満足でしかないと思ったのです。新しい取り組みをするにしても、まずはお客様に劇場自体を知ってもらうことが先決です。そして、みんなが観たい映画を上映して、期待される劇場になり、その上で映画への興味の幅が広がるような映画を上映していきたいと思いました。

劇場から足が遠のいた人を引き戻すために、何かフックとなるものはないか？　と考え、企画上映に着目。「〇〇〇特集」というタイトルを付ければ特別感が出るのでは、と考えました。実に安易な発想です。実際、特集上映は珍しいことではなく、いろんなところで開催されています。「サンサン劇場で特集上映をする意味とは何だろう?」と頭をフル回転させて、出てきた答えが、「温故知新」でした。「故きを温ね、新しきを知る（ふるきをたずね、あたらしきをしる）」。これをサンサン劇場に当てはめると、「最新作を観る前に、過去作や関連作を観たら、もっと最新作が面白く観れるんじゃない?」ということです。

個人的に「昔はよかった」という言葉が大嫌いでして、あくまでも「今」に繋がることをしようと。同時に、お客様がどんな映画を求めているかを知ることができるのではないかと考えました。特集という割には、本数は少ないのですが、現在も取り組んでいる「特集=組み合わせ上映」はこの時から始まりました。

セカンド上映に加え企画上映を始めたものの、劇場の認知度が低すぎたこともあり、残念な結果ばかりでした。「継続は力なり」なのか「方向転換」なのか、判断が難しい時期でした。時間の猶予はないと、とにかくあくせくといろんなことに取り組んでいました。考えるよりも先に行動するという感じです。立ち止まったら、そのまま動けなくなるんじゃないかという強迫観念にとらわれていました。そこで、これまであまり上映してこなかった「アニメーション映画」の上映も積極的に始めました。

大きな自信となったのが『AKIRA』(1988年公開)でした。海外でも熱狂的な支持を集め続けている説明不要のSFアニメ映画の金字塔です。ジャパニメーションという言葉を生んだのもこの作品がきっかけだと思います。当時はまだフィルム上映しかできなかったので、『AKIRA』も35ミリフィルム上映でした。決してフィルムの状態は良好ではなかったのですが、それが幸いしてフィルム上映ならではのザラザラとした質感が、あのギラギラとした物語と絶妙にマッチして、『AKIRA』がまるで猛獣のような勢いでスクリーンから襲いかかってくるような感覚でした。何度も見ているはずの『AKIRA』が、まったく違う『AKIRA』に思えたのです。

若い層を中心に幅広い層のお客様がたくさん来られることで、サンサン劇場の名前を知ってもらえるきっかけとなり、新たな方向性にアニメ映画が加わることになりました。この頃から今後の上映作品に期待する声が耳に入るようになりました。

期待の声に応えるべく、特集までいかないコンパクトな企画上映が増えていきました。番組編成の新陳代謝を上げていこうとの考えからです。この頃から、映画ファンの来場者数が増え、私たちも1本でも多く上映したいと強く思っていたのですが、そこで「4スクリーンしかない」という根本的な壁にぶち当たります。4スクリーンの中でやり繰りするには、コンパクトかつスピーディーな番組編成でやっていくしかありませんでした。

いかにして1本でも多く観ていただけるか、1本でも多く観たい作品を用意できるか、そして、1本でも多く興味を持ってもらえるかを考えました。特に、3つ目の「いかに興味を持ってもらえるか」を重視しました。

そのため、関連性のある作品の上映を増やして、「今観た映画が良かったから、今度もこんな映画が観たい」という興味を喚起して、再び来場するきっかけを作りました。映画鑑賞を日常生活の行動パターンのひとつに組み込んでもらうのです。映画鑑賞は習慣なので、きっかけをわかりやすく提示して、一定の間隔で観たい映画を上映しているという状態にしなくてはなりません。毎週この曜日に買い物に行って、毎月かならず歯医者に行ってというように「映画館に行く」という行動を習慣づけてもらうための悪戦苦闘が本格的に始まりました。

「習慣づけ」において、最も重要なことは番組編成です。映画がなければ始まりません。上映本数を増やす必要があるし、先の上映作品の案内も早めに出さないとスケジュールに入れてもらえません。2013年頃になると、上映素材のほとんどがデジタル化され、フィルム上映が困難を極めます。当劇場はまだデジタル化には至っておらず、フィルム上映で続けていく限界が近づいていました。デジタル化への移行は必須であり、「デジタル化をするか、閉館するか」の2択を迫られる危機的状況でした。

デジタル化は投資です。1スクリーンのデジタル化だけでも多額の費用が発生するのに、サンサン劇場には4スクリーンあります。4倍です。当劇場のような小さな劇場にとっては、回収の見込みが立たない限りは、そう易々と決断できることではありません。

しかし、いよいよ番組編成が行き詰まった時、会社がデジタル化を決めました。おそらく、来たるべき日に対して準備をしてくれていたのだと思います。

そしてついに2013年2月23日、サンサン劇場のデジタル上映の幕が開きました。まずは、4スクリーン中3スクリーンをデジタル化し、47席のミニシアターのシアター1だけはフィルム上映館として残します。

私たちは最初から「フィルム映写機とデジタル映写機の両輪で行く」と決めていました。まだまだ観てほしいフィルム映画がたくさんあったからです。フィルム映画をデジタル化した作品も増えていますが、旧来の名作には、まだフィルムでしか上映できない作品は多かったのです。幅広いラインナップを目指す中で、取り扱うジャンルはもちろん、時代の幅の広さも重要でした。「温故知新」を掲げるからには、過去の名作上映は欠かせません。そんな思いから、デジタル映写機の横に、今も35ミリフィルム映写機を置いています。

デジタルはそのすべてが驚きでした。それまでは、重たいフィルムをえっちらおっちらと運んでいたのが、映画のデータが入っているDCPという小さな箱を片手で持って各シアターを移動できることに感動しました。「自分の掌の上に映画がある」ということがとても不思議に感じました。

幸い2011年以降、じわじわと動員数が伸びており、巷でもサンサン劇場の名前を口にする映画ファンが増えてきていました。荒れ地だった塚口サンサン劇場を何とか耕し、そこにセカンド上映や企画上映などの種を撒いてきました。この種をデジタル化と言う肥料で大きく実らせることができるか、そのためにちゃんと番組編成や企画上映などの水をやり続けることができるのか。しかし、映画興行界がデジタル化を進めていく中で、最後尾を走っていたことはある意味いろいろと時間を稼ぐことができたともいえます。

デジタル化における恩恵で最たるものは、上映作品の充実でした。フィルム上映と比べて、格段に上映本数が増えていきます。一方で、面白いことに、デジタル上映をすることでフィルム上映の価値というか魅力が増してきました。

シアター2、3、4はデジタル上映、シアター1はフィルム上映を続けていましたが、ここで問題が起きます。この頃には、当初の予想よりだいぶ早く、新作映画の35ミリフィルムは作られなくなり、新作上映がほぼ不可能となりました。見通しの甘さを悔やみなながらも、名作映画の上映を増やすことで難を逃れようとしました。幸い、ハリウッドクラシックはフィルムがまだ多少残っていたので、「クラシック映画特集」と題して、ダスティン・ホフマン主演の名作『卒業』（1967年製作）、社会派感動ドラマの名作『招かれざる客』（1967年製作）、青春映画の名作『スタンド・バイ・ミー』（1986年製作）、マーティン・スコセッシ監督×主演ロバート・デ・ニーロ『タクシードライバー』（1976年製作）、デニス・ホッパー×ピーター・フォンダ『イージー★ライダー』（1969年製作）と立て続けに上映しました。苦肉の策とはいえ、結局のところ名作しか上映しない超豪華ラインナップとなりました。

往年の映画ファンから、タイトルは知っているけど観たことはないという若い人まで幅広い層に好評でした。デジタル化が進む中で、過去のものとなったはずのフィルム上映が再評価されたのです。意外でしたが、改めて名作を35ミリフィルムで、スクリーンで観ると新鮮な驚きと感動を楽しんでいただけると確信しました。その確信が長期のフィルム上映企画へと繋がります。

2013年は開館60周年のメモリアルイヤーでした。60周年企画上映として、日本映画を代表する名監督の日本映画史に残る名作を10週間にわたって特集上映をすることにしました。タイトルは、「塚口サンサン劇場開設60周年特別上映『10人の映画監督と20本の不朽の名作』』。7月20日から9月27日までの10週間、毎週1人の名監督の名作を2本上映していくという企画です。

60周年企画とうたっていますが、実際のところは別の理由でした。それは、先ほどからお話ししているフィルム上映しかできないシアター1です。ハリウッドクラシックでやり繰りしようと思っていたのが意外と早く限界が来たのです。困った。この状況に、会社もシアター1のデジタル化を急遽決断をしたのは良かったのですが、肝心のデジタル映写機の在庫がなく、納品までに数ヵ月かかるということが判明します。またまた困った。そこで、日本映画の過去の名作なら各配給会社に保管されているので、60周年記念の長期企画上映にしてしまおうと思ったのです。

10週間というのも、デジタル映写機の納品日から逆算したら10週間だったというわけです。とりあえずデジタル映写機の納品まで、なんとか時間を稼がないといけないという事情があったのです。しかし、苦肉の策とはいえ、先のハリウッドクラシックで得た確信から、この窮地を逆に好機に変えられるのではないかという期待もありました。

【7月20日～26日】
溝口健二監督特集

『雨月物語』（1953年公開）『近松物語』（1954年公開）

【7月27日～8月2日】

成瀬巳喜男監督特集

『浮雲』（1955年公開）『おかあさん』（1952年公開）

【8月3日～9日】

深作欣二監督特集

『仁義なき戦い』（1973年公開）『里見八犬伝』（1983年公開）

【8月10日～16日】

大林宣彦監督特集

『時をかける少女』（1983年公開）『異人たちとの夏』（1988年公開）

【8月17日～23日】

相米慎二監督特集

『セーラー服と機関銃』（1981年公開）『台風クラブ』（1985年公開）

【8月24日～30日】

森田芳光監督特集

『家族ゲーム』（1983年公開）『間宮兄弟』（2006年公開）

【8月31日～9月6日】
市川崑監督特集
『犬神家の一族』（1976年公開）『黒い十人の女』（1961年公開）
【9月7日～13日】
木下恵介監督特集
『二十四の瞳』（1954年公開）『カルメン故郷に帰る』（1951年公開）
【9月14日～20日】
小津安二郎監督特集
『東京物語』（1954年公開）『秋刀魚の味』（1962年公開）
【9月21日～27日】
黒澤明監督特集
『羅生門』（1950年公開）『静かなる決闘』（1949年公開）

この20作品はすべて35ミリフィルム上映です。今でも、本当に素晴らし過ぎる作品をご用意できたと思っています。この時は取り上げることができなかった名監督はまだまだたくさんおられます。また、この10人の監督の名作はたくさんあるので、2作品の選択は本当に悩みました。まだ新たな方向性を模索している段階だったので、まずは「多くの人が知っている監督」「観たことはなくても、タイトルは多くの人が知っている作品」という2点に絞って選んだのです。

この「10人の映画監督と20本の不朽の名作」は大好評でした。年配者が中心になるかと思いきや、ハリウッドクラシック以上に若い人が多くて凄く嬉しかったです。最新作だけではなく、過去の映画にも興味を持って、足を運んでくださる人がこんなにいることに希望の光を見た気がしました。これもTwitterの影響が大きかったと思います。いかにピンポイントで、そしてダイレクトに情報を伝えることの重要性と、そのやり方が可能な時代になったことを強く認識しました。

この特集上映が終わる頃にシアター1にデジタル映写機が納品される予定でしたが、納品はさらに先になることが判明。またまた困りました。「10人の映画監督と20本の不朽の名作」が好評だったので、コンセプトはそのままで、今度は映画スターで行こうと急遽、60周年記念特集上映第2弾「10人のスターと、20本の輝く名作」を10月5日から12月13日まで、またもや10週間上映しました。

【10月5日〜11日】

美空ひばり特集
『悲しき口笛』（1949年公開）『ひばり・橋の花と喧嘩』（1969年公開）
【12月12日～18日】
石原裕次郎特集
『嵐を呼ぶ男』（1957年公開）『狂った果実』（1956年公開）
【10月19日～25日】
若尾文子特集
『祇園囃子』（1953年公開）『雁の寺』（1962年公開）
【10月26日～11月1日】
三船敏郎特集
『宮本武蔵』（1954年公開）『暗黒街の対決』（1960年公開）
【11月2日～8日】

原節子特集
『お嬢さん乾杯!』(1949年公開)『女であること』(1958年公開)

【11月9日~15日】
勝新太郎特集
『悪名』(1961年)『座頭市物語』(1962年公開)

【11月16日~22日】
夏目雅子特集
『鬼龍院花子の生涯』(1982年公開)『時代屋の女房』(1983年公開)

【11月23日~29日】
高倉健特集
『続・網走番外地』(1965年公開)『あ・うん』(1989年公開)

【11月30日~12月6日】

吉永小百合特集
『キューポラのある街』（1962年公開）『潮騒』（1964年公開）

【12月7日〜12月13日】
長谷川一夫特集
『地獄門』（1953年公開）『銭形平次捕物控 八人の花嫁』（1958年公開）

苦肉の策で始めた「10人の映画監督と20本の不朽の名作」と「10人のスターと、20本の輝く名作」ですが、本当に幅広い層の多くの方々にお越しいただけました。「懐古」で観に来られると思っていたのが、実際は「新鮮」で観に来られる人の方が多かった印象です。「昔の映画は今の若い人は興味がない」は勝手な思い込みだったのです。むしろ逆で、若いファンにとって「時代」はさほど重要ではなく、「面白そう」「なんか気になる」という感覚で、その作品の本質を直感的に捉えているのではないか。理屈や知識、流行りなど関係なく、自身の感性や興味を最優先して行動するのがとても現代的だと感じました。

シアター1も、やっとデジタル化の目途が立ったことで、4スクリーンすべてがデジタル化になります。これまで60年にわたって上映してきた35ミリフィルムのレギュラー上映がなくなることは、時代の変化とはいえ、やはり一抹の寂しさがあります。デジタル上映の企画上映は定期的に開催していましたが、全スクリーンデジタル化を前に、フィルム上映でしかできない企画をしたいと考えていました。そんな時、事あるごとに想像の斜め上の奇抜なアイデアを出してくる映写スタッフが鼻息荒くやってきました。

「フィルムを上映する機会がほとんどなくなる前に、どうしてもやりたい企画があります！　これだけはどうしても絶対最後にやりたいんです！　これはフィルムでしかできない企画なんです！」

とりあえず落ち着かせてから企画内容を聞くと、「ハリウッドでは、『バットマン』や『スパイダーマン』のようにアメコミの実写映画がたくさんあるけど、日本にも漫画の実写化がたくさんあるんだ！　ということを知ってもらいたい」と熱弁するのです。最後にユニークな企画もありかなと思い、日本の漫画を実写化した映画を集めた企画上映、その名も「35㎜実写漫画大全」。6週間にわたり、計12本を上映しました。

【1月11日～17日】

『子連れ狼 三途の川の乳母車』（1972年公開）
『女囚701号さそり』（1972年公開）

【1月18日〜24日】
『御用牙 かみそり半蔵地獄責め』（1973年公開）
『ゴルゴ13 九竜の首』（1977年公開）

【1月25日〜31日】
『嗚呼!!花の応援団』（1976年公開）
『ドカベン』（1977年公開）

【2月1日〜7日】
『翔んだカップル』（1980年公開）
『野球狂の詩』（1977年公開）

【2月8日〜14日】

『蛇娘と白髪魔』（1968年公開）
『ゲンセンカン主人』（1993年公開）

【2月15日～21日】
『青い春』（2002年公開）
『櫻の園』（1990年公開）

フィルム上映の最後に相応しい、フィルムでしか観ることができない作品がほとんどです。コンセプトとラインナップの奇抜さが話題になり、若い層を中心に大好評でした。映画館でしか観ることができない映画を上映することも、映画館にしかできないことだという至極当然なことを、改めて感じさせられました。

第四章
映画館という「場所」と、映画鑑賞という「体験」に価値を見出す

２０１４年には全スクリーンのデジタル化が完了し、上映作品を幅広くラインナップできるようになりました。ソフト面は充実したのですが、その反面、ハード面はどうだろうと考えました。この時代、映画館のサイズもどんどん大きくなっていき、ひと昔前なら大箱と呼ばれていたような３００席以上の劇場がスタンダードになり、「３Ｄ上映」も珍しいものではなくなっていました。ハード面、すなわち「劇場」自体をリニューアルすることはそう簡単にはできません。莫大な資金が必要になります。そこで、「劇場」自体を変えることはできなくても、「劇場」の価値なら変えられるのではないかと思いました。

映画館だからといって映画を上映しなくてはならないわけではありません。この場所と設備に価値を見出せばよいと考えました。映画館という根幹は守りつつ、その場限りで終

わらせるのではなく、今後に繋げていける取り組みです。そこで、映画にちなんだ映画ではないイベントを映画館でやってはどうだろうか、「映画鑑賞」の枠を超えた、「映画鑑賞のイベント化」です。具体的な「映画鑑賞のイベント化」はもう少し後になりますが、「映画館らしくない映画館」という今も続いているサンサン劇場のポリシーみたいなものがその時に生まれました。

2012年、記念すべき最初のイベント上映は、怪談噺付上映会でした。怪談作家や怪談の語り師を招いて怪談噺を聞いた後で、怪談噺の中でも最も有名な噺のひとつを映画化した『四谷怪談』(1959年公開/監督・三隅研次)を観るというものでした。昭和の古い映画館での怪談は、雰囲気も相まって面白いのではないかと考えての企画でした。映画館といえばいろんな所から、いろんな方が集まる場所ですが、この日は場内を見渡す限り、この世の方だけだったと思います。見えてないだけかもしれませんが……。

次に、映画館を「語らいの場」として活用しようと試みました。すでにSNSが普及しており、誰もが自分の意見を気軽に発信できる時代となりました。双方向の意見のやり取りから全方向の見知らぬ人を巻き込むというのがSNSの面白さです。特にTwitterは瞬発力のある情報発信が盛んに行われ、お客様のリアルな声を聞くことができる貴重な場となっていました。

そんなTwitterで、映画『桐島、部活やめるってよ』(2012年公開)が大変話題となりました。校内一の人気者でバレー部のキャプテンの「桐島」が部活を辞めたことで校内に広がる波紋をいろんな生徒の立場から描いているのですが、主役であるはずの「桐島」が映画に登場しないという斬新な展開の青春群像劇で、この年の映画賞を総なめにしました。

公開当初はあまり話題にはなりませんでしたが、SNSで「凄い映画だ」という口コミがどんどん広がり、公開より2ヵ月遅れて当劇場が上映する頃には、『桐島』はどこで観られるんだ⁉　塚口サンサン劇場？　そこはどこだ！」と『桐島』を渇望する熱の高まりは異様なほどでした。そんな『桐島』熱が沸点に達した時に上映できたので、初めての来館という方が一気に増え、SNSという新時代の口コミの凄さを痛感しました。この作品は、サンサン劇場にとって『電人ザボーガー』と並ぶ運命の作品です。

私がまだ学生だった昭和の頃は、映画の感想を公の場で発信するのは一部のシネフィルと呼ばれる映画ファンくらいでした。当時あったミニシアターのロビーには、様々な映画サークルが発行している映画批評冊子が並べられていたものです。しかし、今は誰もが自分の意見を言える時代、考えてもいなかった映画の見方や捉え方をたくさん目にして、これまでの「映画批評」ではなく「一般的な映画の感想」に俄然興味が沸きましたし、率直に面白かったのです。内容もさることながら、「自分も何かを言いたい」という人たちがこんなにいたんだと驚きました。

そんな時、関西で映画情報発信Webマガジン『キネプレ』より、『桐島』ファンを集めたトークイベント企画の提案をいただきました。渡りに船とばかりにすぐに開催を決めました。

「Twitterをリアルでできないだろうか」と考えていたので、SNSで盛り上がった『桐島』の感想を、リアルにつぶやき合うイベントは面白いに違いないと思ったのです。SNSで盛り上がるのは匿名性の高いメディアだからこそという意見もありますが、先ほどの怪談イベントも、怪談を聞くだけなら家でも聞けるわけです。でも、「昭和の古い映画館」で「怪談師が語る怪談」を「見知らぬ誰か」と一緒に聞いて、「怪談映画」を観るという、「体験」の価値に好奇心を抱き、その「体験」をSNSで発信する。この流れをはっきりと認識できたので、SNSの匿名性と「体験」というリアルは、きっと相乗効果を生むと確信していました。いくらSNSが発展しても、やはり人々はリアルを求めています。「体験」に勝る価値はありません。

トークイベントのタイトルは「桐島に一言物申～す!!」。どこかで聞いたことのあるフレーズです（笑）。場所は、現在は待合スペースになっている地下のフリースペースです。70名限定で参加募集をしたら、あっという間に定員に達し、その時点ですでに驚いていたのですが、トークイベントが始まるとさらに驚きました。気軽に感想を言い合うという企画だったので、始まる前は、「日本人らしい奥ゆかしさが出て誰も感想を語らないのでは……」と、かなり不安でした。しかし！　始まったとたん、「私に話をさせてくれ！」と言わんばかりに勢いよく上がるたくさんの手にビックリ！　参加者の熱量が凄かった。クロストークが白熱しすぎた熱気で、その場にいるだけで汗が出るほどでした。約2時間のイベントですが、SNSやネットとは違い、顔を見て話すことが良かったと思います。たとえ意見や感想が違っていても、「この作品が好き」ということさえ共有できれば、感想の違いなんて些細なことで、それを受け入れて理解して、お互いを認め合って、最後は一緒に「やっぱりいいよねー」って言えるって、なんて素敵なことなんだろうと心の底から思いました。

このトークイベントと、サンサン劇場に多くの人が『桐島』を観に集まったことを映画ファンが話題にしたために、この異様な盛り上がりが多方面にまで届くようになり、Twitterの中で「塚口の奇跡」と呼ばれました。

自身の考えを気軽に表現できることで、これまでの「受動的」から「能動的」の時代へ変わったのだと、このトークイベントで実感しました。

2013年6月1日は、サンサン劇場にとって大切な記念日です。「初めてのマサラ上映記念日」です。今では、「マサラ上映」は日常会話のごとく自然になりましたが、その時は違いました。映画大国のインドは「ボリウッド」ともいわれ、とにかくサービス精神が旺盛で、歌あり踊りあり笑いありとエンタメ要素がてんこ盛りです。そして、何よりも欠かせないのがスターとヒロインの圧倒的な存在感！

映画館で映画を観ながら、一緒に歌い踊り、スターに黄色い歓声をあげ、盛り上げるシーンではクラッカーを鳴らして紙吹雪を撒くという、お祭りのように映画を楽しむのが、インド発祥の映画鑑賞スタイル「マサラ上映」なのです。

日本でも、十数年前からインド映画ファンが集まって、マサラ上映が定期的に行われていました。しかし、映画館で大騒ぎをするわけですから、定着までにはいきません。そもそも、インド映画が日本で公開されること自体が少ない時代でした。1998年にインドの国民的俳優ラジニカーントが主演した『ムトゥ　踊るマハラジャ』が日本でも大ヒットしてブームを巻き起こしましたが、その後は日本での公開本数も少なくなっていきました。

それから十数年経ち、登場したのが『恋する輪廻　オーム・シャンティ・オーム』です。インド映画界を舞台に、脇役俳優、人気女優、プロデューサーの愛憎が入り乱れ、生まれ変わりと復讐の物語を豪華絢爛に描いたインド映画の面白さを凝縮したような作品でした。

　インド映画は、世界中どこの映画とも違う唯一無二の魅力があることから、映画ファンの間では、インド映画熱が久々に高まってきた頃でした。その熱が、この作品で一気に広がりました。まず、この『恋する輪廻』が抜群に面白い！　歌も素晴らしい！　踊りも凄い！　これ以上にないマサラ上映向きの作品です。『恋する輪廻』が日本で公開されるや否や、各地の劇場でマサラ上映が開催されました。長い間インド映画を応援してきたファンの熱い想いが劇場を動かしたのだと思います。

　マサラ上映の情報は私の耳にも入っていましたが、最初はマサラ上映をする予定はありませんでした。理由はふたつあり、ひとつは、当劇場はまだ認知度が低く、いきなりこのような上映をしてもお客様は来ないだろうということ。そして、もうひとつは、映画館での鑑賞は基本的に静かにというマナーがあり、その真逆のイベントだということ。頭ではわかっていても、映画館でクラッカーを鳴らして、紙吹雪を撒いて、歌い踊るなんて想像できませんでした。

　それでも、何とかやろうとしたのは『電人ザボーガー』を上映した時のように、「何かが変わるかもしれない」という可能性を感じたからです。そう思いはじめると、マサラ上映にチャレンジしない理由はなくなりました。

開催日は6月1日の映画サービスデーに決めました。「1000円なら来てくれるかな?」という弱腰によるものです(苦笑)。開催までに、いろいろマサラ上映について調べました。ただ、出てくる情報や写真がどれもこれも「これが映画館?」と、理解不能なものばかりで不安がどんどん募っていきました。

わからないことだらけで、手探り状態の私たちに強力な助っ人が手を差し伸べてくれました。昔からマサラ上映を開催していたインド映画ファンが、何も知らない私たちにマサラ上映の心得や注意事項などアドバイスをしてくれて、お祭りモードが増していきました。「とにかく疲れるから」と聞いたので、なら腹ごしらえのカレーでも売るかとカレーを販売。インドの物を身につけると気分が盛り上がるし、お土産にもいいだろうとインドの雑貨、アクセサリーも販売しました。

さらに、当日はインド映画ファンの皆さんが私たちと一緒に駅前でチラシ配りまでしてくれました。劇場側がするべきチラシ配りをも一緒にしてくれるなんておかしな話なのですが、「なんか面白そう!」と何人もの方に協力してもらえてとても心強かったです。

マサラ上映の時間がせまってくると、場内はほぼ満席となりホッとしました。インドのサリーを着ている人も多く、インドの映画館のような館内の光景にビックリしました。映画が始まればもう後はお客様のものです。一体どうなるのか? 本当に盛り上がるのか?

クラッカーと紙吹雪は大丈夫？　様々な不安で頭が一杯でした。場内が暗くなってスクリーンに映画が映し出された瞬間に、一斉にクラッカーが鳴るわ、紙吹雪が舞うわ、大歓声が飛び交うわ、上映開始3分で成功を確信し、大盛り上がりで終了することができました。本当にこの時から、塚口サンサン劇場は生まれ変わりました。今の塚口サンサン劇場は、ここから始まったのです。

映画館に来て、より一層映画のことを好きになってほしいという思いをさらに強固にした私たちは、あの時の熱を再び巻き起こそうと考えていました。そんな時『パシフィック・リム』（2013年公開）の上映が決定。この作品は、イエーガーと呼ばれるロボットと、KAIJU（怪獣）とが繰り広げる壮絶なバトルを描いた映画です。すでにロードショー公開されており、東京の立川シネマシティでは、映画をまるでスポーツのパブリックビューイングのように、客席から声援を送り、楽しむというイベント上映会をしていました。これが大変話題になり、私もとても興味深く見ていました。ただ、すぐに行動に移すというところまでは至らず、何かしたい！　というモヤモヤだけが溜まっていきました。

そんな時、一人の大学生から、「関西でも、立川シネマシティのような『パシフィック・リム』の上映会をしたい」と電話をもらいました。

「立川さんが羨ましくて、きっと同じように思っている方も多いと思うので、どうしても関西で開催をしたいんです。でも、一個人がいろんな劇場に問い合わせてみてもなかなか上手くいかなくて、最後の望みと思って連絡しました」

その場で「やろう！」と即答しました。『恋する輪廻』のマサラ上映の時もそうでしたが、今までの映画館では絶対にしなかったことに取り組むわけですから、やってみないことには正解か不正解かもわかりません。不正解を恐れるより、正解を出せるようにさっさと行動に移した方がいいと考えてのことです。彼の意向を確認しつつ、さらに面白くすることはできないかと、みんなで知恵を絞りました。

タイトルは、イエーガーとKAIJUの戦いの映画だから、「激闘上映会」にしました。当時はこのような上映会自体がほとんどなかったので、当てはまる言葉はありませんでした。タイトルが決まったところで、スタッフから「激闘っていうのだったら、イエーガー席とKAIJU席とを分けて、応援合戦したらどうか」というアイデアが出ました。そっか！ プロレスの会場のように仕立てたらいいんだ！ この白眉なアイデアで一気に「激闘上映会」が盛り上がりました。

事前告知の段階から大きな反響がありましたが、それが参加への意欲に変わるのか不安でした。深夜0時のオンラインチケットの販売開始。一瞬でサーバーが落ちました。まったく想像していなかった事態なので、もの凄く焦りました。

そして当日。コスプレ大歓迎といっていたので、手作りのお面をつけたり、腕にペイントをしたり、各々実にユニークなコスプレで席は埋まりました。

上映前には、このイベントの発案者である大学生に、一言挨拶をしてもらいました。彼が震える声で一生懸命このイベント上映への熱い想いを語っている姿はとても感動的でしたし、その想いが場内のテンションをさらに上げていきました。

マサラ上映は一度体験しているとはいえ、本当に盛り上がるかは不安でした。しかし、今回もまたお客様に救われました。KAIJUが登場すると、KAIJU席から大歓声が起こり、イエーガー席からは大ブーイング！　イエーガーが攻撃をするとKAIJU席からは大ブーイングと、本当にプロレス会場のような熱狂でした。そんな歓声とブーイングが入り混じる大盛り上がりの中で、誰かが放った言葉が耳に入ります。それは、騒然とする場内が一瞬静寂に包まれた時、KAIJU席から聞こえてきました。

「今日は、勝てる!!」

耳を疑いました。え!?　KAIJU勝つの？　そんなディレクターズカット版あった？

ネタバレでも何でもなく、当たり前ですが、KAIJUは負けます。何度見たところで、KAIJUは負けます(笑)。にもかかわらず「今日は、勝てる!」と叫ぶって!! この言葉を聞いた時、全身に電流が走りました。もう神のお告げかと思いました。「あぁ、そうか。余計なことを心配しなくても、ちゃんと入り口さえ作れば、後はみんなが能動的に一緒に面白くしてくれるんだ」と確信しました。

熱狂とはまさにこのことかと本当に興奮した夜でした。終わった後も、興奮冷めやらぬ人たちを見ていて、もっとこのような上映会をやっていこうと思いました。

『恋する輪廻』マサラ上映で、当劇場の進むべき道が見え、この「今日は、勝てる!」の一言で、進むスピードが一気に加速していきます。

『パシフィック・リム』の興奮冷めやらぬ間に、次のマサラ上映を決行。インド映画の『マッキー』(2013年公開)です。この作品の監督は、S・S・ラージャマウリ。この5年後に、あの『バーフバリ』を撮ることになる監督です。『マッキー』は、殺されてハエに生まれ変わった主人公が、愛する人を守るため戦う姿を描いた奇想天外なアクションコメディです。

『恋する輪廻』『パシフィック・リム』を経験したことで、イベント上映とはどんなものか少しずつわかってきました。いつもと違う映画館の空間をお客様は楽しみにされているのだから、劇場も一緒に楽しもうという雰囲気に変わっていきました。今回もきっとサリーを着てくる人も多いと思うから、私たちも何か？　と考えていた時です。

「私たち、ハエになっていいですか！」

突然スタッフから「人間卒業宣言」のような申し出がありました。「どうぞどうぞ」と返事をしたら、当日ハエのコスプレをしたスタッフたちがいました。今もそうなのですが、スタッフたちのノリの良さがサンサン劇場の最大の強みです。本当に頼もしい。驚いたのが、特に何も言ってなかったのに、ハエ叩きを持って来られる方がたくさんおられたのです！　ハエがヒーローの映画なのにハエ叩きを持ってくるというセンス！　この学習能力と言うか適応能力の高さに感動しました。

第五章 イベント上映は「大人の文化祭」

この頃になると、「塚口サンサン劇場＝インド映画」という認識が広まっていきました。そこで、この現象に「塚口印度化計画」というキャッチコピーを付けました。元ネタは、ロックバンド筋肉少女帯の「日本印度化計画」という曲名からです。些細なことと思われるかもしれませんが、この一言を付けるだけで、インド映画を上映することに「特別感」を出せたと思います。大がかりなことをして特別感を出すのはインパクトがあると思いますが、しかし、「特別感」は「感」です。一番大事なことはイメージです。そのイメージは些細な一言でも十分演出できると思います。この言葉を使うことで、「塚口サンサン劇場＝インド映画」というイメージをさらに濃くすることができました。イメージが濃くなることは、同時に期待感でもあるので、その期待感を煽るためにとても有効だったと思います。このように、イベント上映の回数を重ねる毎にどんどんその魅力に、劇場側がハマっていきました。

2015年の映画界に最も熱く狂った映画が登場します。『マッドマックス　怒りのデス・ロード（MMFR）』（2015年公開）です。数多くの大ヒット作に主演をしているメル・ギブソンの出世作といえる近未来バイオレンスアクション映画『マッドマックス』シリーズの最新作で、これまでのシリーズとは一線を画す新たな世界観が構築されたことで、リピーターが続出して、映画の話題という枠を超えて社会現象ともいえるほど、世間を激震させました。

私たちも『MMFR』を盛り上げたいと強く思っていたので、マサラ上映をするしかないと即決でした。さらにイベント感を盛り上げるために、ただの「マサラ上映」ではなく『Screaming "MAD" 上映』というイベントタイトルを付けました。皆が狂ったように叫ぶ姿が目に浮かんだからです。

チケットは一瞬で完売。当日の盛り上げ役として有志の皆さんの協力を仰ぎ、テレビの取材も入ることになりました。どんどん内容が濃くなっていきましたが、何かもうひとつ足りないと感じていました。お客様たちが一目で一体感を感じることができるものがほしい。Twitterを見て全国各地から来られることを把握していました。尼崎の場末の映画館のイベント上映に、全国からファンが集まるなんて数年前は想像もできなかった事態です。だからこそ、『MMFR』という凶暴な旗の元に集まった皆さんにお揃いの何かを身につけてほしい。

「そうだ！　焼印だ！」

『MMFR』の劇中に焼印が登場します。それがとても印象的だったので、その焼印を参加者にしてもらおうと思い、特殊メイクアップスタジオに出張スタジオを出してもらうことになりました。

イベント上映当日は、メイクアップアーティストが総出で本気の『MMFR』メイクで来場。出張メイクスタジオがまるで『MMFR』の1シーンようになりました。スタジオ代表による『MMFR』で最も印象に残る悪役のイモータン・ジョーの再限度100％のコスプレ！　地下1階メイクスタジオは大盛況で、チケットは取れなかったけど焼印だけ押しに来た人も多かったのです。

コスプレ大歓迎なので、イモータン・ジョーの配下で、全身白塗りが特徴の戦闘集団ウォーボーイズのコスプレをする人が大変多く、上映開始時間が近づくと、ロビー、トイレ、階段の至る所から続々と現れる白塗りのウォーボーイズ！　あっという間に劇場周辺は白塗りの集団で埋め尽くされるという異様な雰囲気になりました。上映前に、先ほどのイモータン・ジョーにサプライズで登場してもらいました。満席の場内はすでに熱気と興奮でテンションがどんどん高まっている中、突然イモータン・ジョーの登場で、もうそれは、阿鼻叫喚とはこのことかと思いました。

「ジョー様が俺を見た！！！」

『MMFR』で人気のシーン、ウォーボーイズが両手を頭上でクロスさせるV8のポーズをしながら、全員総立ちで劇中と同じセリフの「V8！V8！V8！V8！V8！」と、一斉に叫び出し、身も心も完全にウォーボーイズになりきった姿を見て、今夜は大変なことになると確信しました。

上映が始まると、最初からテンションがマックスまで上がり、そのまままったく落ちず、途切れることのない絶叫とV8のコール、場内に充満する火薬の匂いと煙、砂嵐のように舞い上がる紙吹雪。全員がトランス状態かのような狂気の空間と化していました。今でも忘れられない最高に狂った夜になりました。多くの人に協力してもらって一緒になって取り組むことができれば、映画館はもっと面白くなるという可能性を見出せた夜でもありました。

余談になりますが、当時は新聞に上映時間を毎日掲載していました。文字数が決まっているので、ほとんどの作品がタイトルを略します。スタッフから、『マッドマックス　怒りのデス・ロード』が長くて入らないから「マッド」でも大丈夫かと相談されました。実は、『MMFR』上映の前週にシリーズ1作目『マッドマックス』と2作目『マッドマックス2』も上映していました。「マッド」だと前作の上映と勘違いされる方もいるかと思い、深く考えずに「じゃ、これで」と返答したのが、

「マッ怒」

ただ、怒りを音読みにしただけですが、これが新聞の写真付きでツイートされて拡散され、それから当劇場での『マッドマックス　怒りのデス・ロード』は、「塚口マッ怒」といわれるようになりました。

2013年の『恋する輪廻 オーム・シャンティ・オーム』から始まったサンサン劇場のマサラ上映。マサラ上映はインド映画の文化ですが、『パシフィック・リム』や『マッドマックス　怒りのデスロード』のようなインド映画以外にも応用できることは大きな発見でした。マサラ上映の基本は崩さず、そこにそれぞれの映画の特徴を加味することで、

オリジナリティが生まれていきました。その思いが確信へと変わったのが、キレッキレの英国式アクション映画『キングスマン』(2015年公開)のマサラ上映でした。

『キングスマン』は、『007』のジェームス・ボンドを過激にしたような、今までに見たことのないタイプのスパイアクション映画で、その過激でスタイリッシュな世界観で多くの熱狂的なファンを生みました。実際、マサラ上映を求める声も多く届いていました。『キングスマン』は紳士たちが主役の映画なので、恒例となったタイトルを「KINGSMAN"Ladies & Gentlemen"上映」と付けました。少々長いので「L&G上映」と略しています。

当劇場のマサラ上映は基本的に「コスプレOK」です。ただ、『キングスマン』に登場するのは、スーツを着こなした紳士たちです。そこで、ふと「これこそが『キングスマン』におけるコスプレでは?」と思い、今度は逆に「ドレスコード」を設定して、半ば強制的に全員に同じ姿をして来てもらおうと考えました。当館初の「ドレスコード」ありのマサラ上映になったのです。参加されるお客様、いや、エージェントの諸君には、以下のようなお願いをしました。

・スーツ又はジャケットの着用
・黒縁のメガネをしてくること
・天気に関係なく黒の傘を持参すること

『キングスマン』を観たことのある人はおわかりだと思いますが、スーツ、黒縁メガネ、黒の傘はキングスマン3点セットです。もちろん強制ではありませんので、ドレスコードに従わなくても構いません。自由に楽しんでもらえればそれでいいので、「ドレスコード」は軽い「ボケ」くらいの感じでした。軽く笑ってくれたらいいなぁと思う反面、参加へのハードルを作ってしまったか少々不安でした。ところが、告知開始してからTwitterには「久しぶりにスーツを出してきた」「ちょうど就活中だったのでよかった」など好意的なコメントが並んでいてホッとしました。告知の注意事項の最後にはこの一文も入れました。

・パグとご一緒のご入場は、残念ながらお断りさせていただきます

スタッフたちには、当日はできるだけスーツで出勤してほしいと連絡しました。当日は

秋晴れのいい天気でした。売店では『キングスマン』といえばコレということで、ギネスビールをたくさん冷やしてエージェントを待っていました。スタッフもジャケットやスーツに着替えて、じわじわといつもと違う雰囲気の劇場になっていきます。

上映が夜の回だったので、日中はのんびり過ごしていましたが、15時頃から、劇場周辺にスーツ姿の人が目につくようになりました。「仕事帰りにしては早い気もするけど、土曜日だし早くに終わったのかな」くらいに思っていました。しかし、サンサン劇場周辺だけ局地的にスーツ率が高いことに気づきました。何かがおかしい！ そうです！ 参加のエージェント諸君は本当にスーツで来てくれたのです！ 軽いボケのつもりだったのに、何と頼もしいお客様ばかりなんだと感激しました。しかも、ちゃんと黒縁メガネもして、傘も持っているのです。絶好の秋晴れにもかかわらずです。もう最高です。それ以外の言葉は見つかりません。今でも私たちがイベント上映をする時の心得にしていることがあります。

「羽目の外し方をわかっている大人が、羽目を外せる場所」

ドレスコードを守ることで、自分も、そして周りもきっと楽しい空気になるという気遣いこそが、羽目の外し方をわかっている大人の遊び方だと、スーツ姿の集団を見て思いました。続々と集まるスーツ姿のエージェントが劇場周辺を埋め尽くし、何も知らない通行人の方々には異様な光景に映ったと思います。

「今日、就職説明会でもあるの？」

劇場窓口のスタッフが、買い物帰りのおばちゃんに小声で聞かれたそうです。イベント上映も回を重ねる毎に、皆さんのマサラアイテムが面白くなっていきました。特に紙吹雪ですが、撒いた後は廃棄されるものですが、とても凝っているのです。多彩な色の紙をハート型にしたり紙の中央を星型に切り抜いたり、メッセージをスタンプ印刷したり、しかもそれを何キロも用意されます。もうアートです。紙吹雪という小さなキャンパスに作品への思いの丈が目一杯表現されていて、まさに撒いて捨てるアートです。毎回ここまで作り込まれることに本当に頭の下がる思いです。

皆さんがどんどんマサラ上映の楽しみ方をアップデートしてくれて、遊びとユーモアを理解した「大人な遊び人」が楽しんでくれる場になったことに感謝です。

『マッドマックス 怒りのデス・ロード』『キングスマン』と、爆発力のあるマサラ上映を立て続けに開催したことで、燃え尽き症候群とまではいかないですが、少し休もうと思っていました。そんな時です！ 胸の奥がザワザワとするような作品に出会いました。それが、『マジック・マイクＸＸＬ』（２０１５年公開）。名匠スティーブン・ソダーバーグ監督が、今や大スターのチャニング・テイタムの半自伝である男性ストリッパーの世界とその裏側を描いた青春映画です。劇中で、鍛え抜かれた肉体の男性ストリッパーたちがダンスミュージックに乗って踊り、観客からチップをもらうのですが、とてもアクロバティックなものも多く、思わず拍手をしたくなる衝動に駆られます。「札束をばら撒きたい！」という声もたくさんあったので、これも挑戦だと思い、マサラ上映を決めました。恒例のタイトルは、「マジック・マイクＸＸＬ《One Dollar Bills上映》」にしました。

『マジック・マイク』には、ダンスを踊るダンサーにチップのお札を手渡すシーンがたくさん登場します。そこで、「人生ゲーム」のお札をイメージした、当劇場オリジナルのお札「サンサン札」を印刷して、一人50枚くらいを束にして入場時に渡すことにしました。コピー機でサンサン札をどんどん印刷して、その横でカッターで切って札束を作る作業が急ピッチで行われました。まるで『ルパン三世 カリオストロの城』のゴート札のようでした。

この「サンサン札」を作ってくれたスタッフが後に、ダンボールで数々の展示物を作ってくれることになります。

当日は、多くのクイーンズ（劇中での女性の敬称）が集まって、映画の舞台となったマートルビーチのダンスコンテストのようになりました。皆さんも考えることは同じで、紙吹雪代わりのオリジナルの札束を持って来られていました。しかも、それを上映開始前に「札いる人〜」と聞いて配っているのですから。上映前に全員が座席で、笑いながら大量の札を数えているという何ともいえない光景でした。

上映が始まれば、「フォーーーー‼」という絶叫が響き渡り、場内の至る所から、札が舞う舞う！　もう、舞い上がる札でスクリーンが見えなくなるくらいなのです。後ろで見ていましたが、これは楽しい！　実生活で札束をばら撒くなんてできません。札をばら撒く快感を疑似体験できて、今までに感じたことのない高揚感を、皆さんも感じたと思います。札束に埋もれながら、歓声を上げて、クラッカーを鳴らして、踊りまくるという「One Dollar Bills上映」は、他のどのマサラ上映にも当てはまらない独特の盛り上がりでした。

この3作品を経験したことで、私たちはすっかり「イベントの沼」に落ちてしまいました。イベント上映には「文化祭」みたいな楽しさがあるのです。学生の頃、授業が終わり、教室に残って友人たちとワイワイ喋りながら、画用紙や折紙など手作りで装飾物を作ったあの感じです。

当劇場の「遊び」に、全力で付き合ってくれる素敵な人たちがどんどん増えていき、徐々に「塚口サンサン劇場＝イベント上映」というイメージが定着してきました。インド映画での「塚口印度化計画」もそうですが、このようなイメージ化が結果的に差別化へつながったと思います。

実のところ、差別化を目指したわけではまったくありません。ざっくりとした時代のムーブメントは気にはしますが、基本的には「よそはよそ、うちはうち」という考え。正直なところ、他の映画館がどんなことをしているかをこまめにチェックしていません。

私たちが目を向けるべきなのは、他の映画館ではなく、足を運んでくださる目の前のお客様だからです。綺麗事でもなく本当にそう思うのです。時代に取り残されようが、世間からズレようが、お客様の有難い要望からズレたことはしないで、しかも、お客様の思考のスピードに取り残されないことが一番大事で、これが他の何よりも一番難しいと思うのです。

第六章「音響」がすべてを変えた

2013年6月に初めてマサラ上映をしてから、頻繁に「文化祭」を開催してきました。毎回好評だったので、本来なら開催機会を増やすところですが、あえて開催しない時期を作りました。イベント上映は本当に楽しい上映会で、たくさん開催したいのが本音ですが、長く続けるならやはり特別なものでなければなりません。そのためには鮮度を保つのも大事なことです。

そして、もうひとつの理由としてはイベント上映を開催すれば、多くの方が来られますが、イベント上映は1回だけです。全シアターの上映回数の99・9%は通常の普通の上映回です。あくまでイベント上映は特別な時間であり、その1回のイベント上映頼りでは、映画館としての根幹がぶれてしまいます。日常を大事にするからこそ、マサラ上映という非日常を楽しむことができるのであって、その日常をしっかりと見直す時期も必要ではないかと考えてのことでした。

これまでの番組編成は映画ファンの裾野を広げようという思いから、相乗効果が期待できるラインナップにしてきました。単純に、「SF」や「アクション」などのキーワードを見つけて、次にそのキーワードに「どんな」「誰が」などの説明的な言葉を足していくことで、キーワードがより具体的になり、相乗効果が期待できる作品の組み合わせになります。お客様にとってもふたつの作品の類似性をイメージしやすくなり、「この映画が良かったから、こっちも良いんじゃないか?」と、次に観る映画への興味を惹くきっかけに変わると思います。無理やりのこじつけでも良いのです。感覚としては、連想ゲームや大喜利に近いです。

そのようなことを常々考えながら番組編成をしていくと、相乗効果だけではなく意外な化学反応みたいな結果も出たりして、まるで番組編成という実験をしているようでした。組み合わせの面白さを強調することで、独自の路線が徐々に見えてくるのですが、そうなると、作品をどう見せるかという意外性も必要になってきます。その答えを見出したのが、「音響」でした。

映画館でまずイメージするのは「大きいスクリーン」だと思います。昔の私たちも、「音響」よりも「映像」のことを優先的に考えていました。その認識を覆したのが、またしても東京にある立川シネマシティでした。

『マッドマックス　怒りのデス・ロード』で、立川シネマシティが、重低音専用の高性能サブウーハーを使用して、音響を最強にした「極上爆音上映」をされていました。観た人の声を聞くと、とにかく凄いらしいと。音響が凄いというのがどういったものなのか、想像ができませんでしたが、当劇場で上映が決まった時、立川シネマシティのような特別な音響上映をできないものかと考えました。幸いなことに、音響関係の専門家に協力してもらえることになり、ライブハウスから低音を増強するサブウーハーを借りることができました。

とりあえず配線をし直して、サブウーハーから低音が増幅される仕様にはなりましたが、音響についての知識が皆無だったので、「うわぁ！　音デカい！　すげー！」と思うだけで、音響調整までは考えが及びませんでした。それでも、これは違う、この音は違うぞ、と今後の上映でも何か凄いことが起きそうな予感だけは、はっきりと感じました。

この時に感じた「これは違う」を強烈に意識させてくれたのが、アニメーション映画『ガールズ&パンツァー　劇場版』（２０１５年公開)でした。このアニメは、ＴＶシリーズ(２０１２年放映)から始まりました。戦車を用いた武芸「戦車道」が大和撫子のたしなみとされる世界を舞台に、戦車道に打ち込む女子高生たちの成長や友情を描いたアニメです。「ガルパン」の愛称で多くのファンを生みました。ＴＶシリーズ終了から2年後に、待望の劇場版が公開されたというわけです。『ガルパン』の魅力は何といっても、戦車と戦車が撃ち合いをする戦車道の試合のシーンです。戦車の砲撃の発射音、履帯と呼ばれる車輪部分の軋む音、着弾した時の衝撃音、とにかく音にこだわった作品でした。『マッドマックス 怒りのデス・ロード』で、立川シネマシティの背中を追い、そして今回の『ガルパン』でも立川シネマシティが作った道を追いかけました。

立川シネマシティでの『ガルパン』上映で一番気になったのが、『ガルパン』の音響監督チームが直々に劇場へ来て、音響調整をされたということでした。立川シネマシティの音響のこだわりは知っていたので、そのようなことが行われていても何ら不思議ではありません。サンサン劇場でも上映は決まっていましたが、あくまで現状の音響設備で上映をするつもりでした。こんなことができるのは東京だからで、兵庫県の尼崎には縁のない話だと思っていました。それがある日、配給会社より、「サンサン劇場にも音響調整行けるみたいですけど、どうしますか？」と連絡がありました。

なんと！　まだ十両にも上がっていない幕下力士のサンサン劇場が、横綱の立川シネマシティと同じ土俵に立てるかもしれないことに驚きました。ぜひお願いしたいところですが、その時重低音用のウーハーを持ち合わせていませんでした。そこで、長期間のレンタルをすることにしました。

プロの方が音響調整をするといわれても、とりあえずウーハーを用意する以外何もわからなかったのです。音響調整には岩浪美和《よしかず》音響監督、小山恭正氏、山口貴之氏の3名が来られて、深夜の作業になるとだけ聞いていました。そして当日、岩浪さんを中心に、山口さんがPCで作業をし、小山さんが意見をするという、「音のプロフェッショナル」の3人だけの世界という感じでした。音響調整とは、音量の大きい小さいくらいのことかと思っていたのですが、ひとつのシーンを何度も繰り返して調整していくと。砲弾が当たった音ひとつとっても、聞こえ方次第でシーンの印象や感情移入の度合いが変わるのです。

音によってこんなに映画の表情が豊かになることに驚きました。作業が進むにつれ、今まで自分が観ていた『ガルパン』がまるで初見のように新鮮な気持ちで観られたのです。プロフェッショナルの技に何度も鳥肌が立ち、映画の奥深さと面白さを教えていただけた貴重な経験でした。

その裏側で、まったく予想もしていなかった問題が浮上していました。低音の響き方です。建物は鉄骨を用いているため振動がかなり大きく伝わります。1階のシアター4で音響調整を施された『ガルパン』を上映すると、真下に位置するシアター3の場内にまで音が筒抜けになることが判明しました。この状態で、シアター3で他作品を上映すると、鑑賞の妨げになることは明白でした。そこで、『ガルパン』上映期間中は、シアター3の営業を中止しました。シアター3は165席あり、シアター4よりも座席数が多く、劇場で最大キャパのシアターです。でも、上映を止めました。その期間、シアター3の売上がなくなるのですが、中途半端なことをすれば、どちらのお客様にも満足していただけません。売上が減った分は後日取り返せるように頑張ればいいだけです。

「ホスピタリティは高く、インテリジェンスは低く」

ちっともクレバーではありませんが、これがサンサン劇場のモットーなのです。

追いうちをかけるように、重低音が3軒横の銀行まで響いていることが発覚。劇場の上の階にあるダイエーの床も振動していたそうです。上下左右隣接するすべての建物の壁と床が、重低音で揺れていたのです。しかし、驚いたことに、なんと苦情はゼロ！　みんなは道路工事が始まったと思っていたらしいです。しかし、毎日同じ時間に壁と床が頻繁に揺れるから、これは何かおかしいと。でも、今では周知の事実として温かく受け入れていただいており、本当に有り難い限りです。

『ガルパン』上映によって映画は音響で表情が変わることを実感し、音響にこだわるようになっていきました。音響に特化した上映は「イベント」という考えを改め、それまでレンタルをしていたサブウーハーを購入し、関西では珍しい特別なウーハーが常設されている劇場へと進化をしました。音響の重要性を意識した上でのことですが、劇場というハードを進化させる上では一番コストが抑えられるというのも大きな利点でした。

スクリーンを大きくしたり、座席数を増やしたり、劇場をグレードアップさせるというハード面の進化は大変大きな投資です。その点、音響への投資は、極端にいえばスピーカーを増やすだけです。もちろん付随して諸々の機材も揃えないといけませんが、コスト面では大幅に低く抑えられます。とはいっても、当劇場程度の規模の劇場にとっては、かなり勇気のいる決断でしたが、野外ライブなどで使用する特別なウーハーを導入することで、さらなる可能性が見出せる、回収できる見込みがあるとの判断です。ソフト面ではイベント上映や35ミリフィルム上映などを定期的に開催することで、以前に比べてだいぶ充実してきました。それに伴い、ハード面も充実させる必要性に迫られていた時期に、音響の重要性に気づけたことはとてもいい巡り合わせでした。

「音にこだわる映画館」という新たな目標に向かって進み出した矢先に、音響の楽しさとそれ以上の難しさをたっぷりと味わう作品がありました。2016年最大の話題作『シン・ゴジラ』です。『新世紀エヴァンゲリオン』の庵野秀明監督が手がけた新時代のゴジラ映画です。『シン・ゴジラ』を上映するにあたり、重低音ウーハー上映をすることにしました。新たに導入したウーハーを最大限に活かした低音を増幅した音響調整による、サンサン劇場独自の特別音響上映スタイルです。

『シン・ゴジラ』の音響は3・1chでした。近年の映画はほとんどが5・1chかそれ以上なので、皆さんは5・1chの音響に耳馴染みがあると思います。違いをざっくりいうと、3・1chは前方からしか音が出ないということです。5・1chだと、周りのサラウンドスピーカーからも音が出ますが、3・1chはその音が入っていません。センター、レフト、ライト、そして低音を出すサブウーハーというシンプルな音響設計でした。この3・1chが、大きな壁となって立ちはだかりました。

『シン・ゴジラ』の面白さのひとつに、大勢の出演陣たちの膨大なセリフの応酬が挙げられます。とにかく全員が早口で、専門用語でまくしたてます。それは、ゴジラとの迫力ある戦闘シーンではなおさらです。音響調整段階では、ゴジラとの迫力ある戦闘シーンをウーハーで臨場感を増すために低音を増強しました。すると、物語が展開していくにつれてその面白みである肝心のセリフが聞き取りにくくなってしまいました。ゴジラの迫力は出ても、作品の面白さが伝わらないのは具合が悪いので、このバランスを取るのが本当に大変でした。作業を繰り返す度に、良くなった面もあれば悪くなった面もあり、音響調整担当スタッフが何日もかけて作業を続けました。

不思議なもので、バランスが良い感じにできたと思ったら、ある俳優の「さ行」の音だけが耳に残るようになったこともありました。他の俳優は気にならないのに、なぜか、その俳優がセリフを発すると、その中の「さ行」だけが耳に刺さるような印象を受けたのです。そんなこともあり、上映開始当日まで試行錯誤が続きました。

音響調整とは実に難しいもので、いくら上手く設定できたと思っても、お客様が入った状態では聞こえ方が変わります。それは、人間の体や衣服が音を吸い込む「吸音材」となるからなのです。これぱっかりはどうすることもできません。

音響調整担当はこの微妙な変化を随時微調整しています。『シン・ゴジラ』はこの微調整がさらに大変でしたが、苦労の甲斐があって、素晴らしい音響ができました。音響調整は、取捨選択を迫られる作業です。観終わった後、「音が良かった」よりも先に「面白かった」と言ってもらえるように、日々音響調整に取り組んでいます。

作品との出会いが音響調整の可能性を広げてくれたと思います。2016年の12月に、片渕須直監督の『この世界の片隅に』(2016年公開)を上映しました。この作品は、第2次世界大戦下の広島・呉を舞台に、戦時化の市井の人々の日常と、その日常に影を落とす戦争の理不尽さを描いたアニメーション映画で、世界中の映画祭でも大絶賛された傑作です。この作品でも音響調整をしたウーハー上映に挑戦しました。

一見、音響調整するタイプの映画ではないと思われるでしょうが、この映画はリアリティが徹底されており、音の面でもそうでした。そこで、空襲シーンの音を際立たせました。決して、ビックリしてもらおうとかではありません。作品で描かれている市井の人々の暮らしの中に、戦争の暗い影が落ちていく中で、その当時の生活の感覚をリアルに感じてもらおうと思ったのです。もちろん、空襲の本当の音は知りません。しかし、音響調整をしてテストで初めてその音を聞いた時、背筋が凍る思いがしました。映画だとわかっていても恐怖を感じたのです。一瞬で肩をすくめるほどの音で、劇中の人々の感情に近づけると思ったのです。

上映が始まると、日頃アニメ映画をご覧にならないであろうと思われる年配の人も多く、幅広い層のお客様に観ていただけたと思います。中には、途中で一旦席を離れて、しばらくしてから場内に戻られるお客様もいました。音響による臨場感が擬似体験を生み、その作品への理解度を深めることができたと実感しました。作品への理解度は、作品への没入感と言い換えることもできます。音で没入感を深めてもらう。これが、その後の音響調整におけるひとつの指針になりました。

こだわりを持ち始めた音響は、「音楽」にも効果的だとミュージカル映画で発見しました。2017年に、世界中の人々の心を踊らせた、ライアン・ゴズリング&エマ・ストーン主演で描いたミュージカル映画『ラ・ラ・ランド』(2017年公開)です。売れない女優とジャズピアニストの恋を、ジャズに乗せてロマンティックに描いたミュージカル映画です。

これまでと違って重低音ウーハー上映ではありません。軽やかなジャズがたくさん流れるので、ライブ感のある音響を目指し、低音の迫力を上げ過ぎず、音を前面に出すよりも、音の広がりを重視した特別な音響調整になりました。結果的に、とても良い選択だったと思います。重低音ではない「特別音響」という方法は、音響調整の可能性を大幅に広げてくれました。

アクション映画からミュージカル映画まで音響の可能性が広がっていきましたが、この音響の重要性と面白さを教えてくれたのが、『ガールズ&パンツァー』の音響調整であることは間違いありません。大きなスクリーンと、家では再現できない大音量と、不特定多数の方々と同じ時間を共有するという、「映画館で映画を観る楽しさ」を、「音響」をきっかけに多くの人に感じてもらいたいのです。

一方で「映画館で映画を観たいけど、大きい音が苦手」という人がたくさんおられることも知っていました。「映画館で映画を観る楽しさを伝えたい」と、映画館でしか体験できない音響体験を追求してきましたが、それだけではいけません。どんな人にも映画館という場所を楽しんでいただきたい。そのため、聴覚過敏の方にも映画館を楽しんでもらえるようにイヤーマフ（防音ヘッドフォン）の貸出を始めました。セリフを聞き取るには大きな影響はなく、大きな音や高音を遮音する効果があり、特にまだ小さい子どもには耳への影響も和らぎます。

このイヤーマフの貸出を始めたのは、日本のロックバンドのASIAN KUNG-FU GENERATIONがライブでイヤーマフの貸出を始めた記事を読んだことがきっかけでした。音にこだわるということは、同時に耳への安全面も考慮しなくてはならないと思ったのです。

音響の重要性を教えてくれたのが岩浪音響監督だから、イヤーマフの貸し出しのことも相談をしました。岩浪さんは、イヤーマフの貸し出しに大賛成をしてくれました。

第七章　映画館をテーマパークにする

マサラ上映、音響特化上映など様々な取り組みを積極的に行うようになったのは、「映画館で映画を観る楽しさ」を多くの皆さんに伝えたいという気持ちからでした。映画館について語られる時に決まっていわれるのが、「映画館離れ」についてです。これに関しては、いろいろな意見があると思いますが、認めざるを得ない部分も確かにあります。

しかし、「映画離れ」ではなく、「映画館離れ」なのであれば、「映画館」という「場所」に何かしらの価値というか、魅力を感じてもらえるようにすればよいのではないでしょうか。映画館自体をもっと非日常的な空間にすることで、映画を観るだけでなく、映画館全体で映画を楽しんでもらうのです。

実は、この考えはテーマパークから思いつきました。テーマパークは、アトラクションに乗ることはもちろん楽しいのですが、乗るまでの待ち時間も実は楽しかったりします。なんなら、待ち時間をどう過ごしたかの方が思い出に残っている人も多いのではないでしょうか。たとえば東京ディズニーランドの隠れミッキーやＵＳＪのジョーズの船員のキャストのパフォーマンスなどのように、映画館でも本編以外の部分でも楽しんでいただくにはどうすればいいのか、そこに価値を生み出すことができれば、必ず体験の満足度は上がるはずです。

そこで一番大事なのはアイデアです。それこそ「金をかけずに、手間をかける」が基本理念のサンサン劇場にはうってつけです。

映画はどの映画館で観ても同じです。再現性100％の文化娯楽ですので、作品自体で独自の優位性を出すことは不可能です。そのため、上映形態などで様々な工夫をします。設備投資もします。小さな映画館では、音響設備以上の設備投資はそう簡単にはできません。しかし、アイデアは0円です。もちろん「考える時間」というコストはかかりますが、それでもとても手軽に取り組めます。アイデアで劇場自体を非日常空間にして、映画の世界観を体感していただくことはできます。

地元密着で営業している劇場ですが、遠方からお客様が来られることも珍しくなくなりました。最初にそのことを意識したのが、先に書いた『電人ザボーガー』でした。まさか尼崎の場末の映画館に飛行機や新幹線に乗って来られることに嬉しさとともに、恐縮する思いでした。わざわざ来られたお客様に、何かお土産的な物を提供できないかと思っていた時に、スタッフの一人が、「顔出しパネルを作りたい！」と言い出しました。「おい！

どうした？　どうした？」と最初は思いましたが、なんか面白そうなので、彼女に作ってもらうことにしました。観光地でよく見る顔出しパネルが映画館にある珍しさで、思い出になりやすいと思ったからです。Twitterでは写真付きの方がツイートもしやすいだろうからという思いもありました。顔出しパネルは効果てきめんでした。10年前にサンサン劇場は、すでにインスタ映えを狙っていたのですよ！　冗談です。そんな深く考えていませんでした(笑)。

映画館が独自の何かを作ることを、初めてアニメーション映画でイベント上映をした『劇場版 TIGER & BUNNY The Rising』でさらに一歩踏み込みました。この作品は、たくさんのヒーローが活躍するアクション作品なのですが、ヒーローそれぞれに実際の企業がスポンサーについているという実に斬新な設定も話題になりました。この頃から、お客様参加型上映会が興行界でじわじわと広がりを見せていきます。この『The Rising』でも、「最叫ナイト」というタイトルで、全国各地の劇場で、もちろんサンサン劇場でも開催。この頃から、「お客様参加型上映会」が「応援上映」と呼ばれるようになっていきました。そこで、地下1階待合室を、『TIGER & BUNNY』のテーマパークにしようと、待合室には『TIGER & BUNNY』の音楽を流し、壁一面をポスターや作品画像で埋め尽くしました。ポスターもただ壁に貼るだけでなく、ダンボールを使って立体的に見せる工夫もしました。

楽しみに来られたファンが、劇場にいる間、頭の中は『TIGER & BUNNY』のことしか考えられないという環境を作りたかったのです。劇場内にもちょっとした仕掛けを施しました。「折紙サイクロン」というキャラクターがいるのですが、この「折紙サイクロン」をいつも画面から見切れるキャラクターがいるのです。この「折紙サイクロン」を劇場内の至る所に見切れるように忍ばせて見つけてもらうという遊びをしました。「いた！」「どこ？」「ここ！」「ほんまや！」という声が劇場内のあちこちから聞こえて、宝探しをしながら上映開始までの時間を楽しんでいただくことができました。アニメ映画で初めてのイベント上映は、本当に盛り上がりました。コスプレも大変多く、本当にスクリーンの中から飛び出してきたかのようなその完成度の高さと、その熱量に感動しました。

「コスプレの準備をする時間は限られているので、睡眠時間を削ったりしますけど、全然しんどくないんです。大変といえば大変ですけど、好きなことをしているので楽しいんです」というお客さんの声を聞いて、イベント上映の2時間弱の上映時間には、その何倍ものかけた時間の思いが詰まっていると知ることができました。コスプレに続いて、まるで波のように美しく光輝くサイリウムにも感動しました。

『TIGER & BUNNY』が好評だったことで、アニメーション映画の応援上映をもっとやっていこうと考えていた時、アイドル候補生たちがプリズムスターというトップスターの座を目指す物語『KING OF PRISM by PrettyRhythm』（略して『キンプリ』）というアニメーション映画を上映しました。この作品で一気に「応援上映」という映画鑑賞スタイルが浸透していったように思います。劇中にキャラクターのセリフが字幕で表示され、その字幕に合わせて、お客様が生アフレコをするという実に画期的な試みをした作品です。応援上映を前提とした作品は初めてだったのですが、この方法はある種の発明だと感動しました。映画の世界に、「さぁ、どうぞ」と手を伸ばしてくれることで、ファンとの一体感が自然に生まれます。お客様がその作品の一部となることで映画が成立するのです。そして、『キンプリ』は多くのファンとリピーターを生みます。

サンサン劇場では、ただ応援上映をするのでは面白くない。キーワードは「煌めき」「プリズムショー」「ハート」。生アフレコで作品の世界に入ることができるなら、その作品の世界観を体感してもらおうと考えました。

そこで、映画の中に登場するコンサートシーン「プリズムショー」を劇場に再現しようと考えました。劇場名は、劇中に出てくる学校名をもじって、「エーデルローズ塚口」。上映が始まるまで、ライブ会場のような雰囲気を出すために、場内を薄暗くして、スクリーンにはスタッフ制作によるオリジナルウェルカムムービーを写しだしました。

次に「煌めき」ですが、まずは薄暗い場内の天井をミラーボールで華やかにに照らしました。さらに、『キンプリ』は、各カットの上下左右にシャボン玉のようなキラキラとした画が書かれていたので、入場するお客様めがけてシャボン玉を飛ばしました。場内の通路の天井からハートのアルミバルーンをたくさん吊るし、さらに、五感で『キンプリ』を体感してほしくて、このバルーンに薔薇の香りのアロマオイルを塗りました。薔薇の香りがするバルーンを体に当てながら、そこを抜けると大量のシャボン玉が飛んできて、その先にはミラーボールで照らされた天井と、オリジナルウェルカムムービー、場内BGMで大音量の『キンプリ』の曲が流れるという仕掛けです。

マサラ上映以外でも、作品を体感してほしかったのです。映画や音楽は形がないといわれますが、そんなことはありません。知恵を絞れば映画や音楽も触れて感じることができます。『キンプリ』のこの挑戦は大好評でした。

「入り口さえしっかり作れば、後はお客様が能動的に面白い空間を作ってくれる」という思いを確信に変えたのが、音響に引き続き『ガールズ&パンツァー』です。『ガルパン』といえばやはり戦車です。戦車で何かできないか考えた時、「映画館の中に、戦車があったら面白いなぁ」と思い浮かびました。戦車が登場する『ガルパン』を観に来たら、「映画館に戦車があった」なんて絶対に面白いでしょう。そこで、『マジック・マイクXXL』イベント上映で「サンサン札」を作ってくれたスタッフに相談しました。


「戦車作ろうと思うねん」

「意味わかりません」

「『ガルパン』って戦車やん?」

「はい」

「映画館に戦車あったら面白くない?」

「はぁ? 映画館に戦車要りますか?」

「まあまあ、そこはアレとして」


「長机を2台置いて、その上に上映の終わったスタンディを積み重ねて、バナーの筒を差したら戦車っぽくない?」と、メモ用紙に設計図というか落書きを書いてスタッフに渡しました。スタンディとは、劇場ロビーに設置する大きな宣伝物のことで、バナーとは劇場ロビーに吊るされている大きなタペストリーのような宣伝物のことです。スタッフはその落書きを持ってちょっと考えてみますと言ってくれました。

そして、数日後、「大体こんな感じですか？」と地下1階待合室に案内されると、そこに戦車がありました！　あの落書きをここまで具現化できることに心底驚きました。そこから彼女を中心にスタッフ総出で1ヵ月近くかけてダンボール戦車を作り上げていきます。ダンボールで戦車を作るなんて誰もしたことがないので、作業は困難を極め、来る日も来る日も、ダンボール戦車と格闘していました。「大きいだけで笑える」という持論を持っていたので、とにかく大きなものにして、戦車の中に入れるようにもしました。こうした皆の頑張りのお陰で、地下1階待合室には立派な「塚口流ダンボール戦車」が完成しました。

上映期間中、多くの人がこのダンボール戦車を見に来られ、実物を目の当たりにすると大笑い。その光景を見ながら私たちも嬉しくて笑っていました。中には、このダンボール戦車を見るためだけに北海道から来られた人もいました。お金をかけたわけでも、専門業者に頼んだわけでもなく、自分たちだけで作り、素材は捨てるはずだったダンボール！　ウケるか不安でしたが、結果的に大好評。楽しそうに写真を撮る人々を見て、大事なことは「何を作るか？」のアイデアであり、コストをかけることができなくても、手間と愛情をかければ想いは伝わるのだと肌で感じられたのは、大きな勇気となりました。

「映画館をテーマパーク化する」という目標に少し近づいた気がしました。映画に登場する物が実際に目の前にあれば、誰もが驚き、そして笑うことを経験して、その後体感型がエスカレートしていきます。

『KING OF PRISM by PrettyRhythm』の第2弾『KING OF PRISM PRIDE the HERO』を上映した時のことです。『PRIDE the HERO』の劇中に、大きなうちわが登場します。それを見た時、「これが実物大で目の前にあったら面白いだろうなぁ」と思ってしまったので、早速、ダンボール戦車を作ってくれたスタッフに相談をしました。

「戦車の次に、なんでデカいうちわを作らなあかんねん！」

いつも以上に呆れられましたが、うちわを大きくした場合どの部分を重くして、どこを軽くするか、安全面はどうかなど、普通のうちわを使って研究し始めました。安全面を踏まえてちゃんと考えるのです。ノリと勢いだけではありません。数日後、地下1階待合室に約3メートルの巨大うちわが出来上がっていました。デカっ!! そして重いっ!! もうここまでいけば現代アートです。お客様は必ずといっていいほど写真を撮られるので、この時のTwitterには、巨大うちわの写真がいっぱいツイートされていました。それを見た多くの人は、この巨大うちわがあるのが「映画館」だということを理解するのに苦しまれていたようです(笑)。

映画を観る前に、映画に登場するアイテムを実際に目にすることで、映画の世界観を体感してもらうということがサンサン劇場のひとつの売りになっていきました。それは大変嬉しいことでしたが、「映画を観る前に」ではなく「映画を観ている時に」だったらどうなるんだろうと考え始めたのです。3Dのように「飛び出る映像」ではなく、実際に映画に登場した物が、鑑賞中に登場する「リアル3D」を思いつきました。

2013年の『恋する輪廻 オーム・シャンティ・オーム』でインド映画の魅力に取り憑かれ、「塚口印度化計画」というキャッチコピーを付けるほどでしたが、「塚口サンサン劇場＝インド映画」というイメージを決定づける作品がついに登場しました。『バーフバリ 伝説誕生』(2017年公開)です。予告を見た時から、これはただ者ではないと感じていましたが、本編はひっくり返るほどの衝撃でした。これまでのどのエンターテインメントの文法にも当てはまらない、唯一無二というか、「バーフバリ」という新たな映画のジャンルの誕生だと思いました。壮大な物語と想像を超えたアクション、一度聴いたら耳から離れないテーマ曲、そのすべてが規格外でした。

この『バーフバリ』でマサラ上映をしなくては王に背くことになります。インド映画のマサラ上映といえば、煌びやかな衣装が特徴ですが、今回の『バーフバリ』は戦闘シーンだらけのアクション映画です。映画の後半に、赤い大きな絨毯のような巨大な布が飛んできて、それが群衆を覆ったと思ったら、その布が燃えて群衆が焼き殺されるというシーンがあります。そこで、その赤い布を作って、上映中にお客様の頭の上に覆い被さるようにしようと思いました。お客様を燃やそうということです(笑)。

ただ、座席の大部分を覆うようなそんな巨大な赤い布を買うともの凄いお金がかかります。「金をかけずに、手間をかける」がサンサン劇場の基本ですから、大判プリンターで赤い色の紙を大量に印刷して、それを貼り合わせて1枚の大きな布（?）を作りました。そして、マサラ上映当日、自前の鎧や弓など戦闘具で身を整えた人々がたくさん来られ、上映前の地下1階待合室はまさに合戦前夜という雰囲気でした。上映が始まると、統率の取れたバーフバリコールが劇場の外にまで響き渡り、もうとにかく大盛り上がり！

そして、マサラ上映のエンドロールの時に、その巨大な布をお客様の頭の上に放り投げました。突然、暗闇の中にそんな物が頭の上に降ってくるわけですから、大変驚かせてしまいましたが、異常に盛り上がりました。

紙を貼り合わせて大きな1枚を作ることに再び挑んだのが、『KUBO クボ　二本の弦の秘密』(2017年公開)でした。作品は、中世の日本を舞台にしたストップモーションアニメです。この作品の中で重要なアイテムとして折り紙が登場します。そこでサンサン劇場らしく盛り上げるために、折り紙で何かできないかと考えました。鶴なら大体の人が折れると思います。鶴といえば「千羽鶴」。ヒット祈願として千羽鶴を作るのはちょっと安易すぎる。うーんと悩みながら、「千羽鶴……せんばづる……せんば……せん……せんばい……千倍……千倍の……千倍鶴!!」ということで、折り鶴を千倍の大きさにした「千倍鶴」を作ることにしました。

映画の場面写真を載せた模造紙を何枚も貼り合わせて、縦横3メートルの巨大な1枚の折り紙を作りました。スタッフ総出で折るのですが、これが想像以上に大変でした。こんな大きな紙で鶴を折った人なんて誰一人いませんので、途中でどうやって折っていいのかわからなくなるのです。間違って折ったら一巻の終わりです。ですので、1回折るたびに、何度も工程を確認して、2時間以上かけて折りました。完成した「千倍鶴」は言葉が出ないほどの迫力でした。この「千倍鶴」もTwitterで拡散されて大きな話題になりました。

第八章　最大の強みは人、そして町

サンサン劇場の最大の強みは人の力。スタッフたちには「映画が好き」という思いが根底にありますが、「映画を楽しんでくださるお客様を見るのが好き」という方が強いように思えます。映画館で仕事をする上で、映画の知識量は正直、特に重要ではありません。それよりも、「映画を楽しんでほしい」という思いの方が大切です。この思いで日々の業務にあたってくれるスタッフには本当に助けられています。

困っている人を見つけると、すぐに声をかけます。初めての人は、チケットの買い方がわからないことも多いです。そんな人を見つけては即座に声をかけています。映画の内容を聞かれた時も、即座におすすめポイントをお伝えできるように、上映作品それぞれのポイントをまとめたノートを用意しています。

映画を観たお客様が感想を伝えてくれることが多いのですが、その時は一緒に映画談義に花を咲かせています。これは、とてもとても大事な時間です。

また、サンサン劇場は自称「日本一トイレが綺麗な映画館」をうたっています（笑）。

映画館らしくないトイレにしようと、ホテルなどを参考にしました。ただ、ここでいう綺麗とはデザインのことではなく、いつ利用していただいても綺麗だということです。毎日小まめに何度も清掃をして、清潔で綺麗なトイレを維持してくれています。だからこそ、利用される方も綺麗に利用してくださるので、常に綺麗な状態を維持できています。数ある業務の中でもトイレ掃除を最優先でしてくれることには頭の下がる思いです。日々の接客や掃除、細かい気配りなど、当たり前のことを当たり前にすることは実はとても凄いことだと思います。このような見えない所での仕事が劇場を支え、そんなスタッフたちこそが、塚口サンサン劇場の立役者なのです。

サンサン劇場の特徴ともいえるのが「班活動」です。劇場を盛り上げるために、それぞれスタッフの得意な領域や分野で力を発揮しています。この班活動がどんどん進化をしていきます。

岩浪美和音響監督との出会いで、当劇場は「音響にこだわった」劇場になりました。こだわりといっても、音響設備は決して高価な機材ではありません。先にも書きましたが設備投資にも限界があります。ただ、どんなに良い音響設備を用意しても、それをどう上手く使いこなせるかが重要です。音響設備のポテンシャルを最大に活かす音響調整をすることで、無限に音響の可能性は広がります。音響設備を、宝の持ち腐れにするかどうかもすべては「それを使いこなせる人」だと思います。

当劇場は音響調整を、すべて劇場側がします。岩浪さんが音響調整に来られる時、音響スタッフが一緒に作業をします。この時の経験や試行錯誤を糧に、日夜の努力で、各作品で塚口独自の音響を作り上げ、「塚口は音響にこだわっている」といわれる劇場となりました。優れた技術を持った音響スタッフのお陰で、最高の音響を維持してくれています。

音響への高い意識は映写スタッフ全員に浸透しています。上映作品が公開日を迎える前に、映写スタッフが各作品の最適な音量とバランスを必ずチェックします。年間400本近く上映をしますが、そのすべてで行います。映写スタッフは、「音響班」といえる存在です。

「映画館をテーマパーク化する」に欠かせないのが、ダンボールを使ったオリジナル装飾物です。ダンボール戦車、巨大うちわ、この他にも数えきれないほどの装飾物を製作してくれているのが「ダンボール班」です。中心となるスタッフには毎回驚かされます。彼女の武器はダンボールとカッターナイフと両面テープのみ。しかし、完成した装飾物を見ると、誰もが「本当にダンボール？」と信じられないような顔をされます。しかも、彼女の凄いのは努力家なところです。「同じことはしない」と決めているそうで、毎回新しいことに挑戦します。その度にどんどん進化していき、今では「装飾物」を超えて、「現代アート」といえるダンボールアートで、来場者を楽しませてくれています。音響と同じくらいダンボールアートは当劇場の売りであり、自慢です。

ダンボールアートは地下1階待合室に展示します。その待合室には、あるアニメのキャラクターのぬいぐるみを飾っています。そのアニメを上映していない時でも待合室にそのぬいぐるみはいます。なぜなら、ぬいぐるみが、その時々の上映作品のコスプレをしているからです。ぬいぐるみがコスプレ？　不思議に思われるでしょうが、手芸や裁縫の技術を持っているスタッフがおり、彼女を中心とした「手芸班」が、ぬいぐるみのコスプレ衣装を製作しているのです。

マサラ上映や応援上映でコスプレしている人たちを見て、コスプレをしてお迎えしたら面白いかなぁと考えたのですが、そう簡単に用意できないことは重々承知なので、それならばぬいぐるみをコスプレさせようということにしました。ぬいぐるみとはいえ、コスプレ衣装がとても本格的なのです。人間の服とは違い、小さいサイズなのでとても繊細な作業なのですが、作品の世界観を毎回上手く表現してくれています。今では、次は何のコスプレをするのか？　と期待されるようになり、ちょっとした風物詩みたいになっています。

劇場の中で装飾できる場所としてスクリーンもありますが、スクリーンに絵を描くことはできませんから、映像を映し出します。コマ撮りアニメのスタジオで仕事をしていたスタッフがおり、彼女が劇場独自の映像を作ってくれます。映像制作は専門性が高く、一人で頑張ってくれているので「班」ではなく、「映像研」と呼んでいます。班でもいいのですが、この時私が『映像研には手を出すな!』というアニメにハマっていて、そのタイトルを拝借しました。今では映像研の映像なしではイベント上映は成り立たないくらいの八面六臂の大活躍です。毎回、私の「あんな感じでー、そしてなんか大げさな感じでー」と、ぼんやり極まりない要望を、ちゃんとした絵コンテに起こして、見事なオリジナル映像を作ってくれます。マサラ上映の前説用映像から旧作企画上映の予告動画など、幅広い用途で映像制作をしてくれます。しかも、毎回私のイメージの2歩も3歩も先に進んだ映像を作ってくれるので、本当に感心させられます。

この他にも、場内アナウンスは声優志望のスタッフ、なんなら元ダンサーもいるという個性豊かなスタッフばかり。常に高い意識を持ちながら楽しみながら、お客様と常日頃一番近いところで仕事をしているスタッフたちが考える「お客様が楽しんでくれること」に間違いはありません。そんな肌感覚が長けたスタッフに恵まれたことが、大きな奇跡です。まさに「人は宝なり」です。

劇場を盛り上げてくれるのはスタッフだけではありません。スタッフ以外の人たちにもたくさん協力をいただいています。

マサラ上映では、いつも終了後に写真撮影をします。撮るのは2枚。1枚は、SNS用の全員で紙吹雪を撒いた瞬間の写真。といっても一面紙吹雪のほとんど真っ白で一体なんなのかよくわからない写真ですが（笑）。そしてもう1枚は、全員で記念写真を撮ってその場で印刷してお帰りの時に配ります。記念写真を配ろうと思ったきっかけは、テーマパークでした。アトラクションに乗っている途中に撮影されたものを、アトラクションから降りたらそこで販売しているのを見て、マサラ上映でもやってみようと思ったのです。マサラ上映は非日常空間です。この日、この時、この瞬間を一緒に過ごした仲間との思い出を、写真という形で残してほしいと思いました。ですので、この写真に関してはSNSなどにあげるのは一切ご遠慮いただいています。

今では恒例になっている、この記念写真を撮ってくれているのが、「関西キネマ倶楽部」というアカウント名の、当劇場「Twitterのフォロワーです。元々、当劇場と仕事関係でお付き合いがあり、イベント上映を手伝ったことから写真の魅力を発見したそうです。撮影のスキルもどんどん上達し、上映中の暗い場内でも、マサラ上映を楽しんでいる参加者の表情をとても綺麗に撮影されます。私たちが見ることができない、気づかない、様々な素敵な表情が写った写真を見るたびにとても幸せな気分になります。

もうプロのカメラマンといっても誰もが納得する腕前です。撮影された上映中の場内の写真は、皆様の承諾を得たうえでSNSで公開していて、サンサン劇場のマサラ上映を広めてくれた立役者です。写真を見た人たちがきっと嬉しいと思ってくれるに違いない、そんな瞬間を切り取ってくれる、サンサン劇場のイベント上映には欠かせない存在で、勝手に当劇場スタッフの一人と考えています。

『ガールズ＆パンツァー』という作品は、音響、ダンボール戦車という、その後のサンサン劇場の道筋を照らしてくれました。しかし、これだけではなかったのです。『ガルパン』の上映が決まった時から、劇場を上げてこの作品を盛り上げていこうと考えていました。ファンの皆さんが大変熱い想いであることは、同じファンとしてもよくわかっていましたから。その時、気にかかったのが「聖地巡礼」です。作品の舞台となった場所を訪れて、作品の世界をリアルに感じる旅のことをいいます。

『ガルパン』は、茨城県の大洗町が舞台です。実際の街並みや、観光スポット、お店が多数登場します。そしてファンが、茨城県大洗町に聖地巡礼として訪れていることを知りました。作品に出てきた場所を歩いたり、作品と同じ構図で実際の場所の写真を撮ったり、その土地の美味しい食事をすることは凄く楽しいと思います。ただ、関西から茨城県大洗町へは、そう気軽に行ける距離ではありません。実際、私も行きたいと思いながらも、行けませんでした。きっと同じような思いの人も多いのではないかと思い、だったら劇場を大洗にしよう！　と思ったのです。

大洗に行けないファンに、少しでも大洗に行った気分を味わってもらおうということです。早速、大洗町の中心地にある商業施設「大洗まいわい市場」に相談をしました。新鮮な鮮魚や野菜、名産品などを販売しており、『ガルパン』グッズを専門的に扱う「ガルパンギャラリー」もここにありました。

突然の相談に対応してくれた常盤さんは、水戸市でとんかつレストラン「クックファン」を経営しながら、「ガルパン」と大洗を繋ぐために多大な尽力をされた方です。常盤さんのお陰で、「ガルパンギャラリー」で販売しているグッズを特別に劇場でも販売できるようになり、大洗の名産品まで手配してもらって、劇場の売店が「大洗物産展」のようになりました(笑)。これだけでも有難いのに、調子に乗ってもうひとつお願いをさせていただきました。

それは、大洗の町の人たちが出演するビデオレターの制作です。町の人たちの姿や声を知ることで、大洗の空気を少しでも感じて、これを機に大洗に行く人が増え、大洗との懸け橋のようなことができればと思ったのです。しばらくして、常盤さんから大洗の方々からのメッセージ動画が送られてきました。メッセージ動画の第一声が、「塚口サンサン劇場へお越しの皆様こんにちは」でした！　言葉が出ませんでした。ちょっと泣きました。兵庫県の小さな映画館のために忙しい中メッセージをもらえて本当に感謝で一杯です。温かいご協力のお陰で、多くの方に大洗の空気を感じていただけました。

さらに『ガルパン』では、近隣の飲食店も協力をしてくれました。２０１６年12月23日に、「これが本当の〝塚口流戦車道クリスマス・パーティー〟です。」と銘打ったマサラ上映を開催しました。毎回、売店で販売している茨城県の名産品の干し芋が大好評で、干し芋を食べながら『ガルパン』を見るというのが「塚口流戦車道」の作法のようになっていました。今回はさらに凝って、『ガルパン』の劇中に登場する茨城県の名物あんこう鍋をお客様に食べてもらおうと思い立って、劇場のすぐ近くにある「魚里本家」という鮮魚店に連絡をしました。魚の卸売りだけでなく料理もしてくれるお店で、明治に創業された老舗のお店です。以前より面識があったので早速連絡をしました。

「もしもし、ご無沙汰しております」
「あー、どうもどうも」
「あの、実はお願いがございまして」

「はい？」

「実は今度、『ガールズ＆パ」

「あんこう鍋でしょ」


早っ!!


「魚里本家」さんも『ガルパン』のことや、劇場が盛り上がっていたことを知ってくれていました。マサラ上映当日にあんこう鍋を販売してほしいというお願いも、まるで予見していたかのように、すぐに快諾してくれました。あんこう鍋を作ってくれた料理人が茨城県出身で、しかも大洗町の隣町だったという嬉しい巡り合わせもあり、茨城県で実際に作られる方法であんこう鍋を作ってくれました。味付けも、関西風味ではなく、茨城の味です。

当日は、夕方からあんこう鍋を販売しました。普通の映画館はポップコーンの匂いがするのですが、その日の劇場はあんこう鍋の出汁の良い匂いが漂っていました。

また、劇場周辺にはイタリア料理店がたくさんあり、『ガルパン』劇中にイタリアの食事が出てくることから、上映前に劇場周辺のイタリア料理店を利用された人が多くいました。今では、『ガルパン』の上映が決まると、各店舗から上映時間の問い合わせが増えます。なぜかというと、その時間に合わせて、スタッフを増やすためだそうです。

インド映画でマサラ上映をする時は必ず、近隣のインド料理店「S・タージマハルエベレスト 塚口店」さんが出張カレー販売をしてくれます。最初は、劇場の異様な雰囲気に不思議そうな顔をされていましたが、今ではお客様と一緒にマサラ上映を楽しんでくれています。このように、映画に合わせた食事を限定販売するのもサンサン劇場の特徴といえるかも知れません。いつもは映写スタッフとして35ミリフィルム編集などしているスタッフが手配をしてくれるのですが、彼女は「映画」と「食」を結びつけるのが得意です。ただ結びつけるだけではなく「味」にもこだわるのが流石です。音響の紹介で先ほども書きました『この世界の片隅に』を上映した時です。

映画の中に、戦時中の食糧難の中、少ない米を無理やりかさ増しする「楠公飯《なんこうめし》」という節約料理が登場します。お客様にもぜひこの楠公飯を食べてもらいたいと思った彼女は、当劇場とサービス提携をしている「ポノポノ食堂」に楠公飯を作ってほしいとお願いしました。実際に作ってみた楠公飯の味はというと、映画の中と同じくなんとも……です（苦笑）。

そこで、少しでも楠公飯を感じてもらえるように試行錯誤をして完成したのが「楠公飯プリン」です！　楠公飯をプリンにするなんて、主人公のすずさんでも思いつきません(笑)。楠公飯を甘酒にしてそれをプリンにしたそうです。楠公飯をスイーツにするのには驚きました。まさに、料理人の意地とプライドを感じる逸品となりました。販売時は、一口サイズの楠公飯を付けて、好評とともに驚きの感想をいただきました。

また、追随を許さぬぶっ飛んだ設定で多くの熱狂的ファンを生んだSFバトルアクション映画『バトルシップ』(2012年公開)のマサラ上映をした時は、この映画に登場する大きめのトルティーヤ、ブリトーを販売しました。冷凍食品も考えましたが、音だけではなく食にもこだわるサンサン劇場なので、やはりここでしか食べられないブリトーを食べてほしいと思い、いつもインド映画のマサラ上映でカレーを販売してくれるインド料理店にチキンブリトーを作ってもらうことなりました。

映画の舞台は太平洋ですが、サンサン劇場では舞台がインド洋に変わってしまいました(笑)。そもそも、インド料理にチキンブリトーがあるかどうかわからないのですが、試食をしたスタッフは、「チキンブリトーかどうかは置いといて、美味しかったです」とのこと。なんか大事な部分を置いてしまっている気がしますが、味は確かだということはわかり、マサラ上映の当日に「サンサンチキンブリトー」として販売しました。トルティーヤというよりはナンだったような気もしますが、まあ美味しかったからOKです。

マサラ上映当日は多くのバトルシッパーにお集まりいただきました。毎回コスプレを楽しみにしているのですが、大勢のコスプレイヤーの中で一人の女性に目が留まりました。サウナスーツのように銀色の大きなアルミホイルで全身をぐるぐる巻きにされていたのです。一体何のことかさっぱりわからず、「すいませんが、それは何ですか？」と声をかけると、その女性は満面の笑みで、

「ブリトーのコスプレです！」

なぜメキシコ料理のコスプレをしようという思いに至ったかはわかりかねますが、「あー。塚口らしいなぁ」と嬉しくなりました。

地域の皆さんに協力していただけるのは大変心強いです。地域活性という大袈裟なことではありませんが、映画館が地元に貢献することで、街も活気づき、映画館が街を盛り上げる一助となるのは本当に嬉しいことです。

そんな地域への貢献が意外な形でわかったことがありました。ある日、劇場にクラッカーの業者の方が営業に来られました。聞くと、定期的に阪神間でクラッカーが大量に売れていることがわかり、不思議に思って調べると当劇場に行き着いたとのことでした。ク

ラッカーから足が付く映画館って……（笑）。最近では、マサラ上映の日が近づくと、近隣地域の一〇〇均ショップのパーティーコーナーにあるクラッカーの在庫が急に増えるという現象が起こっているそうです。

また、サンサン劇場にとっても、個人的にもとても光栄なことがありました。２０１７年に作家の増山実さんから、今度尼崎の映画館を舞台にした本を書きたいのでその取材をさせてほしいとの連絡がありました。増山さんは、『勇者たちへの伝言　いつの日か来た道』という作品でデビューし、阪神間を舞台にした本をたくさん書かれています。取材を受けるのはそれなりに経験がありましたが、小説の取材は初めてです。

翌年の8月に、再び増山さんから連絡があり本が出来上がったと聞いて驚きました。自分の話が多少なりともお役に立てたようで良かったと思いました。本のタイトルは『波の上のキネマ』。読み始めると、第2章に、古い映画館を営む主人公が、同じく映画館を営む友人を訪れるシーンがあるのですが、その友人の名前が「戸田」。映画館の名前が「塚ロルナ劇場」。これは「太陽＝サンサン」の反対の「月＝ルナ」です。戸田と主人公のやり取りを読み進めている途中で震えました。戸田という自分がモデルの人物が登場し、あの時私がお話ししたサンサン劇場のエピソードが書かれていました。有難いやら、恥ずかしいやら不思議な気分でした。まさか自分が本の中に出てくるなんて夢にも思いませんでした。『波の上のキネマ』は紀伊國屋書店梅田本店で1位にもなり、2021年には舞台化もされました。

第九章　映画鑑賞をショーにする

沈没寸前だったサンサン劇場が浮上できたのも、スタッフの力と周囲の方々の協力、そして何よりも足を運んでくださったお客様のお陰です。思い返すと、浮上のきっかけとなったのはマサラ上映、応援上映などの「イベントに特化した」ということが一番大きいと思います。ただ、これは意図的に狙ったというよりは、「映画館をもっと身近な存在に感じてほしい」という思いを発信し続けてきた結果に過ぎません。

マサラ上映や応援上映は、いつもの映画鑑賞とは違うイレギュラーで特別な上映会です。そのため、ルールを守っていただく必要があり、そのルール説明をする「前説」がとても重要になってきます。

2016年の『KINGSMAN L&G上映』から上映前に前説をすることになりました。前説とは、注意事項を説明する役割で、場を温める役割もあります。イベント上映では、この前説をとても重要視しています。映画館でクラッカーを鳴らしたり、紙吹雪を撒いたり、パーティーのように楽しむのは、わかっていてもなかなか実行できないものです。自由に楽しんでもいいからといって、何をしてもいいわけでは絶対にありません。その判断や線引きをお客様に委ねるのではなく、まず劇場側がちゃんと説明することが大事です。

しかも、劇場の人間が誰よりも「バカ」でなければなりせん。盛り上がることを躊躇している人のハードルを下げると同時に、「自由に楽しむための限界や尺度について体を張って示すのが大事なので、要するに「バカのマウントを取りに行く」ということです。上映が始まればお客様が主役ですが、イベント上映のイニシアティブは劇場側が握っていなくてはなりません。そのために前説はとても重要で、徐々に前説が進化と変化を遂げて、ちょっとしたショーになっていくのです。

『ラ・ラ・ランド』で応援上映をした時、応援上映用の『ラ・ラ・ランド』は、ダンスシーンや歌唱シーンで英語の歌詞が出てくるので、それを見て歌ってくださいという仕様です。歌詞を見たら歌えるかといわれれば大体の方が歌えないと思います。そこは、歌わないのではなく鼻歌でよいのです。「♬フフフフーン」とデタラメ英語で全然ＯＫ。発音や音程やリズムを気にするより、楽しいという気持ちを素直に正直に表現するのが一番です。「楽しむ」ことが何より大事と、そのことだけを強調しました。

当日、スタッフたちは映画の登場人物と同じような色鮮やかなワンピースに着替えて、盛り上げてくれました。この時、数人のスタッフが「場内で踊りたいです！」と言うので、場内の通路で踊ることにしました。クラッカーや紙吹雪とは違い、お客様が踊るのはちょっとハードルが高いかもしれません。そんな場内の空気感を察して、率先して「踊りたいです！」と言ってくれるスタッフたちは本当に頼もしいの一言に尽きます。劇場スタッフが率先して踊ったことが、お客様の照れや気恥ずかしさを取り除いてくれました。スタッフが踊り出したお陰で最初の高速道路のシーンから踊り出す人もおられて、場内は一気に大盛り上がり。その後もダンスシーンでは手拍子と歓声が鳴り響き、結果的にとてもハッピーな応援上映になりました。

2017年に黒澤明の名作『七人の侍』のリメイクとなる『荒野の七人』を基にした西部劇アクション映画『マグニフィセント・セブン』のマサラ上映を開催。それまでの前説は、基本的には舞台上でお話しするだけで、そんなに逸脱したことはしていませんでした。この『マグニフィセント・セブン』マサラ上映で、何か賑やかなことがしたいと考えついたのが「ウエスタンショー」でした。「映画館でそんなことをしたら面白そう」というバカみたいな理由です(笑)。

実はもうひとつ理由がありました。『ガルパン』の時に館内展示でお世話になった方が、映画やドラマなどで銃を使ったガンアクションの特殊効果の仕事をされていました。

今回の企画を相談すると、こんなバカみたいなお願いを快諾してくれたのです。

当日、本格的なモデルガンと弾着を持ってきてくれました。銃は西部劇らしく、スミス&ウェッソンと、劇中にも出てくるウィンチェスターライフルの2丁でした。弾着は、火薬入りのベストのようなもので、撃たれると火薬が炸裂する仕掛けになっています。

ウエスタンショーの内容は、前説をしているところに乱入した、マサラ上映を邪魔しに来た悪党をライフルで撃つというアホみたいな内容です。急に思いついたことなので、悪党役を交友のあるお客様にお願いすることにしました。その男性がチケット発券しているところを捕まえて、ロクに説明もせず、

「ちょっと頼みがあるんだけど」

「何すか?」

「悪いけど撃たれてくれへんかな?」

「あ。了解です。で、どんな感じで撃たれたらいいっすか?」


こんな無茶振りにも関わらず笑顔で快諾してくれたのです。本当にお客様に助けても

らってばかりで感謝しかありません。

簡単なリハーサルだけして、ほぼぶっつけ本番のような状態で前説は始まりました。私がウィンチェスターライフルを片手に持ち、マサラ上映の注意事項を話している時に、場内の端から悪党が「そう簡単にマサラ上映ができると思うなよ！」と叫びながら私に銃を撃ってきました！　私はそれをよけながらライフルで悪党を撃ちます！　1発、そして、とどめの2発！　悪党が着ていた弾着の火薬が炸裂して悪党は倒れ、そのままマサラ上映をスタートしました。脈略もなく突然こんなことが始まったので、場内は「え？　何？」と騒然となりました(笑)。後からお客様から聞いたのですが、ショーだとは理解できずに、本当に「変な人が乱入して来た」と思ったそうです。ここまでする必要はないのかも知れませんが、このマサラ上映という特別な一日をさらに非日常にするために、USJのようなテーマパーク感を出したかったのです。結果的にはいろんな意味で大変盛り上がりました。

この頃になると前説がセットのようになり、場を温めながら、ルールを守ってもらうために注意事項はちゃんと伝えつつ、遊びを加えていきました。遊びは、コスプレだったり、映像を作ってもらったりと、どんどんエスカレートしました。

2018年6月にはエドガー・ライト監督による、お気に入りの音楽に乗って天才的ドライビングテクニックで強盗の逃亡を手助けするプロの逃し屋を描いた『ベイビー・ドライバー』のマサラ上映「Cracker on,get Masala上映」を開催しました。

さて前説です。主人公がiPodで音楽を聴きながら運転するので、それにしようと思いつきました。歌う？　弾き語り？　なんか違う。歌うように話す、ということは……ラップだ！　とひらめいて、ラップで前説をすることにしました。その時は名案だと思っていました(笑)。

さっそく、サンサン劇場の映像研に相談をして、曲作りが始まりました。もともとラップは好きだったので最初に書いた歌詞をスタッフに見せると、頭を抱えてこう言いました。

「わかってます？　これは韻を踏んでるんじゃなくて、ただのダジャレです」

残念なことに、私は「韻を踏む」をまったく理解してなかったのです。そこから、「韻を踏む」を意識して聞くようにすると、「これは無理かも……」と不安が湧いてきました。少し書いては、いちいち頭の中で「あいうえお」を唱えながら、なんとか歌詞を作り、これを録音して音に合わせて映像を作り、私は舞台上でその映像から流れる曲を聴きながら当て振りをすることになりました。

さらにもうひとつ頼みごとを聞いてもらいました。『ベイビー・ドライバー』で音楽と車の他に重要なアイテムはコーヒーです。そこで、オリジナルのコーヒーカップを用意してそれをすべての座席のカップホルダーに置こうと考えました。イラストも得意な映像研に、某有名コーヒーショップのロゴっぽいイラストを描いてもらうと、一瞬「ん？」となる絶妙なクオリティ！　さらにカップの中には、コーヒーに見立てた茶色の紙吹雪を詰めました。それを見た別のスタッフたちが、せっかくならばと、休憩室にあるインスタントコーヒーを利用して、紙吹雪にコーヒーの香り付けをしてくれました。デザインだけではなく、五感で楽しめるサンサン劇場ならではの紙吹雪を作ってくれたのです。映像研を始めとするスタッフ全員の大活躍で、朧げなイメージが見事な形となって現実化していきました。

今回の前説は、いきなりラップが始まるので、場内が呆気に取られていたらどうしようと不安でした。イヤホンが耳栓のようになってほとんど音が聞こえず、かけていたサングラスも汗と熱気でほとんど前が見えずという状況になりながらも何とかラップ前説を終えて、そそくさと劇場の外に出ると、スタッフたちが爆笑していたので、少しホッとしました。この『ベイビー・ドライバー』マサラ上映は、サンサン劇場なりのエンターテインメントが演出できました。

ますますイベント上映自体のイベント化が進むわけですが、その大きなきっかけとなったのが、2018年2月にロードショー公開した『グレイテスト・ショーマン』です。ヒュー・ジャックマン主演で、19世紀アメリカの実在の興行師P・T・バーナムの半生を描いたミュージカル映画です。『グレイテスト・ショーマン』は、音響を活かした特別音響上映、そして応援上映と、サンサン劇場らしい盛り上げ方をしていきました。「まだ『グレイテスト・ショーマン』をスクリーンで観たい！」の声を多くいただいたことで、9月に再上映をしました。もちろん応援上映もしました。

『ベイビー・ドライバー』でのラップ前説が、多くの人に面白がってもらえたので、今回の『グレイテスト・ショーマン』では、あの時の経験とやり方を生かして、応援上映という枠を超えてひとつのショーにしようと思いました。

どうするかを考えた時、映画の中で影絵に願い事をするシーンを思い出しました。影絵をヒントに、これからショーが始まる直前の舞台裏という設定の「ショー」です。お客様には、『グレイテスト・ショーマン』という映画ではなく、「ショー」を観に来たという気分になってもらうことで、上映中も映画館の座席ではなく、劇中の観客と同じ客席に座っている気分になってもらおうと思ったのです。

漠然とした抽象的なイメージでしたが、映像研スタッフからは、舞台上の私は動かず、背景の絵を動かしてそれに合わせて動いたらどうかというアイデアが出ました。これなら限られたスペースの舞台上でも動きに自由度が出ます。方向性は見えてきたので、次にどのような背景の物語にするかです。本物のショーは映画の中にあるので、そのショーの裏側の物語にすることになりました。たくさんのパフォーマーが本番前の練習をしているところへ私が声をかけていって少し騒動を起こすという内容にしました。

『ベイビー・ドライバー』のラップ前説と同じ方法で、映像にセリフを録音して、その映像に合わせて舞台上で当て振りをします。今回は動く絵に合わせるので、映像を動かすスピード調整などスタッフは苦心したと思います。映像を生かすも殺すも私の動き次第。とにかく練習して体で覚えるしかないと、何日も練習を重ね、毎回客席にいるスタッフから、鬼舞台監督のようなダメ出しが出ていました。

「動きが小さい！」

「またタイミングずれてる！」

「目線はこっち！」

毎朝、このような練習をしたお陰で2キロほど痩せました。さて、素晴らしい前説映像ができ、練習の成果が徐々に出てきた頃、あることに気づきました。何を着たらいいんだろう？　まさかの衣装問題です。これまで仕事着の延長のような感じだったので、衣装を着るということはなかったし、考えたこともなかったのです。しかし、今回の『グレイテスト・ショーマン』は、サーカス団の団長という設定です。どうしようか頭を悩ませていた時、常連のお客様に何気に話をしました。すると数日後、映画でヒュー・ジャックマンが着ていたような真っ赤なコートとベストとタイを作って持ってきてくださったのです！びっくりしました。お客様が衣装を用意してくださるなんて、本当に有り難い限りです。この衣装は今も様々なイベントで大事に着ています。

2日間開催した応援上映はどちらも満席となりました。前説ですが、5分ほどのサンサン劇場なりのショーができたように思います。お客様も、まさか映画を観る前に、舞台上で繰り広げる「動く影絵」を観るとは思っていなかったようで、大変驚かれたようでした。この前説の動画はSNSで拡散され、後日様々な方から「何をしてんの!?」と言われました（笑）。そして、『グレイテスト・ショーマン』応援上映は、公開から半年以上経っていることもあって、お客様の歌声がとにかく素晴らしく、まるで合唱団のような厚みのある歌声となって響き渡りました。『グレイテスト・ショーマン』は、その名の通りショーのような上映となりました。

サンサン劇場が進むべき道を照らした『パシフィック・リム』。激闘上映で確信した「ちゃんと入り口さえ作れば、後は皆が能動的に一緒に面白くしてくれる」、このことをより具体的に、そしてもっとエンターテインメントにできないかと試行錯誤の末行き着いたのがこの「ショーのような前説」でした。テーマパークで感じたこと、スタッフたちの協力など、前説は、これまでの劇場の取り組みのエッセンスを凝縮して体現する場となりました。

番組編成の変化、企画上映の充実、マサラ上映、劇場のテーマパーク化、SNS発信、スタッフの班活動、細かいことも含めるとまだまだあります。

第十章　映画館がエンターテインメントを作る

２０１０年に存続の危機に直面し、２０１１年から新たな道を模索。２０１３年に「マサラ上映」「応援上映」で光明を見い出し、それから何度も試行錯誤を繰り返して、気がつけば8年近く経ちました。失敗もたくさんしましたが、「継続は力なり」で経験値もかなりつき、着実に進歩をしていきました。

お客様が「何を望んでいるか」「どんなことを期待されているか」をTwitterを通じてたくさん聞けたことも大きかったと思います。お客様の気持ちを完全に把握することはできませんが、ニュアンスだけでもわかると、何をすればいいのかより明確になります。明確になると、その1歩先を考えることができるようにもなります。２０１８年からはその1歩先を果敢に進もうとしました。

２０１７年に上映したインド映画『バーフバリ　伝説誕生』は続きがありました。衝撃のラストで終わった『伝説誕生』から半年、いよいよサンサン劇場に王が凱旋。『バーフバリ　王の凱旋』(２０１７年公開)の上映です。

この『王の凱旋』で、長きにわたる愛と憎悪と復讐の物語が終わりを告げることになります。キャッチコピーからして、「王を称えよ！　感動と興奮の頂上へ。宇宙最強の愛と復讐、ここに完結。」と、すでにテンションが高い！　とにかく『バーフバリ』はエンタメ要素のすべてが詰まっており、すべてがクライマックスといっていい映画なのです。

２０１７年の『伝説誕生』上映時には、まだ熱はそこまで高まっていなかったように思えたのが、ここから「『バーフバリ』という映画が凄い」という噂が凄い勢いで広まり、この『王の凱旋』で最初の大爆発を起こします。どうせならと『伝説誕生』と2本立てマサラ上映をすることにしました。今回もチケットはすぐに完売。しかし、ひとつ懸念があったのは上映時間。『伝説誕生』１３８分＋『王の凱旋』１４１分＝２７９分になり、『王の凱旋』の上映前に『伝説誕生』のあらすじが5分ついているので合計２８４分。4時間44分の超長丁場になってしまいます。マサラ上映はずっとハイテンションな状態が続くので、4時間44分はさすがにキツイのではと思ったのですが、結果的には全然余裕でした。お客様をここまでにさせる『バーフバリ』が凄いのか、お客様のマサラ体力が凄いのか、どっちなのかわからなくなりました。

チケットがすぐに完売したことで、王に謁見できなかった多くの民たちの救済を希望する声が届いたので、ゴールデンウィークに再び開催しました。今回は、シアター4と3の

2スクリーン体制で、サンサン劇場にとって最大キャパを用意しました。今回もすぐに完売し、一体ピークはいつなんだと驚かされました。今回はずっとサンサン劇場の『バーフバリ』上映会の応援をしてくれていたFM802のDJ仁井聡子さんに前説をしてもらうというコラボも実現。さらに当日は、東京から雑誌「日経トレンディ」も取材に来ました。

インド映画は総じて上映時間が長いのが特徴であり、また魅力です。『バーフバリ』も約3時間と上映時間は長いのですが、さらに長くなる「完全版」となって再び凱旋。もうここまで来たら、やるしかないと、11月に「バーフバリ　伝説誕生 完全版&王の凱旋 完全版」連続マサラ上映を開催しました。ちなみに上映時間は『伝説』が2時間45分、『凱旋』が2時間50分、2本足して5時間35分！　新幹線なら大阪―東京間を往復できます(笑)。サンサン劇場マサラ史上最長時間です。さすがに途中休憩を45分とりました。その間に体力補給をしてもらおうと、お食事券付きチケットを販売。舞台や歌舞伎で「お弁当付き」というのを見かけたので、いつかサンサン劇場マサラでも取り入れたいと思っていたのです。

お食事券でナンロールかサモサのどちらかを選べるようにしました。サモサとは、簡単に言えばジャガイモをパイのような生地で包んで揚げた料理で、インドではポピュラーな軽食です。実は、サモサを教えてくれたのはインド留学の経験があるスタッフでした。彼女は、一部のインド映画は、字幕なしで観ることができるほどインド文化に精通していました。マサラ上映の時には、たくさん持っているインドの服を他のスタッフに貸してあげたり、マサラ上映前にインド舞踊を披露してくれたこともありました。インド映画上映の時は、ヒンディー語で書かれた全スタッフの名札を作ってくれたり、「塚口印度化計画」には欠かせないスタッフでした。

そんな彼女を中心に、「バーフバリ　伝説誕生 完全版&王の凱旋 完全版」連続マサラ上映の準備を進め、当日を迎えたのですが、途中休憩を入れて6時間を超える長丁場のマサラ上映を、お客様はテンションを落とすことなく余裕で走りきりました！

その体力には心底驚きと感動で震えました。過去最大量の紙吹雪は舞い上がるわ、タンバリンはリズミカルに鳴り響くわ、歓声は時間が経つにつれてどんどん大きくなるわ、我々もその勢いに加勢しようと劇場内に風船を200個飛ばすわ、映画鑑賞を超えたお祭でした。「楽しくて時間を忘れた」とよく聞きますが、この日は「楽しくて6時間が体感15分だった」という感じでした。最高の民です。

2016年に最初の上映をしてから「塚口流戦車道」を掲げて、何度もお世話になってきた『ガールズ&パンツァー』ですが、ついに『劇場版』の続きを描く最終章となる、『ガールズ&パンツァー　最終章　第1話』(2017年公開)の上映が始まりました。

『最終章』の上映に当たり、サンサン劇場ダンボール班もすぐに動き出しました。ダンボール戦車1号機製作以降、数々のダンボールアートにチャレンジしてきたので作業スピードは上がったとはいえ、毎回大変です。今回、上映の3ヵ月前から始動をしたのは、ダンボール戦車に加えてもうひとつ新たな製作物を作ろうとしたからです。

2018年に『バトルシップ』マサラ上映をした時に、地下1階待合室に戦艦の甲板を作りました。これを見て、「あれ？　これは『ガルパン』でも使えるんじゃないか？」と思いつきました。物持ちの良さも当劇場の良いところです（笑）。『ガルパン』は「学園艦」と呼ばれる大きな船の甲板にできた街で生活をしているという設定です。『バトルシップ』をベースに、甲板に劇場周辺の街並みを作り、そこで戦車道の試合をしているというミニチュアを作ることにしました。劇場が入っている「塚口さんさんタウン」の縮尺も可能な限り計算して、細かい部分も再現しました。

これまではダンボールで、いかに大きな物を作るかが命題だったのが、今回はいかに小さく細かく作るか、毎日スタッフ総出で作業を黙々と続けて、2ヵ月かけて完成させました。トータルの製作時間はもうわかりません。完成したミニチュア学園艦は、本当に素晴らしいものとなりました。

今回もまた岩浪美和音響監督に来ていただき音響調整をお願いしました。恒例となったマサラ上映「塚口流戦車道、第2ラウンド始めます！」はシアター4と3の2スクリーンで開催しました。『ガルパン』上映の時は、いつもシアター3の上映を中止にするのですが、一人でも多くの人に参加してほしいのでこの日だけ2スクリーンで開催しました。

シアター4から音が真下のシアター3に響いてしまう問題ですが、シアター3に、レンタルしたウーハーを設置して、シアター4と3で同時再生をすれば、シアター4からのドーンッという音を、シアター3のドーンッで跳ね返せるんじゃないかと思い挑戦してみたのです。今思っても実に乱暴なやり方でしたが、成功した、ような気がします（苦笑）。

サスペンスホラーの『クワイエット・プレイス』（2018年公開）では真逆のことに挑戦しました。この映画は、音に反応して人間を襲う「何か」によって人類が滅亡の危機に瀕する世界で、「決して音を立ててはいけない」というルールを守り、生き延びている家族を描いた新感覚サスペンスホラーです。映画のキャッチコピーが「音を立てたら、即死。」。それならば、今回は「いつも以上に静かに見よう」という「静寂上映」です。

入場時には全員の簡単な持ち物チェックをして、とにかく音が出そうな物を持ち込むのは一切NGにしました。可能な限り「音を出さない」状況を作りスタッフも、お客様への「いらっしゃいませ」もすべて黒板を使って筆談という謎の徹底ぶり。一応、上映前に「静寂上映」の趣旨説明をしたのですが、ここでも可能な限り小声で話したのでほとんどの方が聞こえないという謎の前説でした。「静寂上映」自体は、特段変わったことをしたわけではないので、いつもの上映と比べて大きな違いがあるかどうかを感じることは難しいと思っていました。しかし、イベント化したことで無言の一体感が生まれて、静けさもひとつの「体験」として楽しんでもらえることがわかったことは大変大きな意味がありました。

「静寂上映」の経験を、マサラ上映でも活かせないかと考え、静と動を味わえる新しい企画を考えました。映像専門学校のワークショップで制作された作品が、そのあまりの面白さに口コミで一気に広がりついには社会現象までになった『カメラを止めるな！』（2017年公開）のマサラ上映を12月に開催することにしたのです。タイトルは「塚口でアツアツ！　サンサンでポンッ！　『カメラを止めるな！』感染マサラ上映！」。

『カメラを止めるな！』で、静と動のマサラ上映をするにあたり3つのルールを作りました。①最初の37分は「紙吹雪・クラッカー・声援」はご遠慮いただく。②クラッカーは「ポンッ」の箇所だけ。③紙吹雪はできるだけ赤色で。この3つです。前説は、「ワンカット前説」です。『カメ止め』を観る前に『カメ止め』と同じことを体験してもらおうということで、地下1階の待合室に現れたゾンビが、階段を上って1階のシアター4を襲って、場内のお客様がゾンビになっていくという一連のハプニングを、iPhoneで撮影して、デジタル映写機からライブでスクリーンに映し出すということにチャレンジしました。

当日は、数人のお客様に「ワンカット前説」に協力をお願いしたところ、ノリノリでゾンビメイクで参加してくれました。

開場して、続々とお客様で座席が埋まっていき、さぁそろそろ上映開始という時、私がiPhoneを持って「よーい、アクション！」の掛け声で「ワンカット前説」の撮影が始まりました。この時、突然スクリーンに先ほどまでいた待合室が映し出されて場内がざわめいたそうです。スクリーンには待合室からゾンビたち（お客様）がゆらゆらと体を揺らしながら「う〜う〜」と呻き声を上げながら階段を昇ってくる様子が映し出されています。そこに、場内の後方からゾンビたちが入ってきて襲い始めました。突然のゾンビの襲来だけでなく、その様子がスクリーンに映し出されるという何が何だかよくわからない突然の状況にもかかわらず、襲われた方々はちゃんとゾンビになってくれたのです！

一瞬で理解してこの遊びに乗ってくれたお客様のノリの良さに感動しました。どんどん増えていくゾンビたちにできるだけ多くスクリーンデビューしてもらおうと、とにかくカメラを向け続けました。私は、撮影をしたまま舞台上に上がり、お客様に背を向ける形でカメラを場内に向けて前説を始めました。お客様はスクリーンに映っている自分たちの姿を見ながら前説を聞いています。『カメ止め』の面白さである「ワンカット撮影」をリアルに体験してもらいながらイベント上映になだれ込む、最高にアツアツな盛り上がりとなりました。

第十一章　これまでのすべてを注ぎ込んだ２０１９年

２０１９年。この時は、もちろん翌年２０２０年が世の中を一変する事態になるなんて夢にも思っていませんでした。そう考えると、２０１９年にこれまでの経験をもとに様々な取り組みができてよかったとつくづく思います。２０１９年があったからこそ、この先の２０２０年以降の変化に対応できたと思います。

２０１８年12月に『クワイエット・プレイス』でやった、「静寂上映」を再びやろうと思ったのが、京都アニメーションの大傑作『リズと青い鳥』(２０１８年公開)です。

『リズと青い鳥』は、高校の吹奏楽部を舞台に、２人の少女の心の機微を繊細に描いた作品です。台詞の息遣い、廊下を歩く足音、演奏の些細な音の違いなど、まるで芸術的な飴細工のような美しさと脆さが絶妙なバランスで存在するのです。細やかな音が聞こえることで、主人公への感情移入の深さが変わると思いました。この作品をより完璧な鑑賞環境で観てほしいと思い、『リズと青い鳥』のすべての上映回を「静寂上映」することにしました。

・場内へのお飲み物のお持込は、水またはお茶など炭酸飲料以外でお願い致します
・上映中の食事（お菓子含む）はご遠慮ください
・スマートフォン、携帯電話、タブレットの電源はＯＦＦでお願い致します
・場内にビニール袋などの音の出る物のお持込はご遠慮ください
・『リズと青い鳥』に限り、売店でポップコーン、ビールの販売はございません
・上映開始時間までにはお席にお戻りください
・終映後、場内が明るくなるまでお席を立たないでください

以上が「静寂上映」のお願いごとです。上映が始まると、私たちができることは限られています。上映前に私たちができることは、最高の音響調整です。一音たりとも漏らさず、最高のバランスで調整しました。結果は、連日素晴らしい「静寂上映」になりました。その日来られたお客様が誰一人として認識のズレがなく、実に素晴らしい一体感がありました。上映中は物音ひとつなくシーンとして、空気が流れる音が聞こえるくらいの静寂。場内が明るくなると、解き放たれたようなフゥ〜と大きく息をつく人が多くおられたのが印象的でした。

もちろん賑やかな「応援上映」も定期的に開催していましたが、その中でも特に面白

かったのが、『映画刀剣乱舞』（2019年公開）。原案は実在の有名な刀剣を擬人化した「刀剣男士」たちが、時空を超えて戦うという刀剣育成シミュレーションゲームで、アニメ化だけでなく舞台化もされ、ついに待望の実写映画化された人気作品です。

ロードショー公開時にTwitterで盛り上がっていたのが、「応援上映は法螺貝の持ち込みNG」でした。ファンからすれば、法螺貝があればもっと盛り上がるんじゃないのかと思うのでしょうが、映画館からすればNGでしょう。しかし、これまでの行いがそう思わせたのか、「サンサン劇場なら法螺貝にOKを出すはず」という期待の声が出てきました。

正直なところ、最初に法螺貝のことをTwitterで見た時から「絶対に法螺貝OKにしたい！」と決めていたのですが、本物の法螺貝の音を聞いたことがなく、もし100人が法螺貝を一斉に吹いたらさすがに近隣から苦情が来るだろうと思って、とりあえずNGとしました。しかし、法螺貝NGはサンサン劇場らしくないと思い、考え直してOKにしました。「わからないなら、とりあえずやってみよう」が基本姿勢ですから。チケットは完売となりましたが、問題は本当に法螺貝を持って来る人がいるのかどうかでした。

当日、続々と審神者（刀剣乱舞ファンの呼称）が集まってきました。その様子を見ながら、スタッフと「さすがに法螺貝はいないみたいやね」と言っているとチケット窓口から内線が鳴りました。

「法螺貝!! 来ました!!」

なんと本当に法螺貝を持って来られたのです！ それも3人も！ 現場はパニックです。でも、お客様は盛り上がっているので、もう吹いてもらおうと（笑）。劇場前で開場を告げる法螺貝を吹いてもらうことにしました。お客様は一旦地下1階待合室に集まってもらい、法螺貝の音が聞こえたら、鬨《とき》の声をあげながら劇場に入ってもらいます。開場を法螺貝で告げるなんて前代未聞です。劇場前を通行する人が「何事!?」と言いたげな驚いた顔をしたので、「ご安心ください。普通の映画館です」と言って回りました。

後から聞いたのですが、最初に法螺貝を持って来られた方はチケットを取れなかったにもかかわらず、応援上映を盛り上げるために名古屋から来られたのだそうです。偶然にもチケットを1枚余らせた方と出会って応援上映に参加できることになったそうで、奇跡が起こっていたのです。この法螺貝のエピソードは後に、映画をテーマにしたコミックにも取り上げてもらいました。

2011年から新しい劇場のあり方を模索し、毎年必ず数本、運命を変えるといっても大袈裟ではない、ターニングポイントになる重要な作品と出会ってきました。2019年はこれまでの積み重ねのこの時点での集大成ともいえる作品がありました。全世界をひとつにした説明不要の大ヒット作『ボヘミアン・ラプソディ』（2018年公開）です。

世界的人気ロックバンド「クイーン」のボーカルで、1991年に45歳の若さでこの世を去ったフレディ・マーキュリーを描いた伝記ドラマです。ロック史においても最高のパフォーマンスと呼ばれている、1985年7月13日にウェンブリースタジアムで行われた「LIVE AID（ライブエイド）」のライブシーンをほぼ完全に再現していることでも話題となりました。

映画は全世界的に社会現象を巻き起こし、日本でも大ヒットを記録しましたが、このヒットを牽引した理由のひとつが「ライブスタイル上映」と呼ばれる応援上映だったと思います。全国各地の映画館で、フレディになりきったファンが大勢つめかけて大いに盛り上がりを見せました。サンサン劇場でも上映に際して、この「ライブスタイル上映」に取り組んでいきます。


昨年からイベント上映での前説がどんどん進化し、もはや前説といっていいのかわからない状況になっていました。もちろん『ボヘミアン・ラプソディ』でもどんな前説にするかを考えましたが、もうこれはクイーンのライブではお馴染みのフレディと観客との有名なコール＆レスポンスである「エーーーオ」をやるしかない。フレディのようにタンクトップを着て舞台上に上がる気でしたが、そのことをスタッフに伝えると、「それで出るんですか？」と言うので、「タンクトップにサングラスでやるつもりよ」と答えると、「そうじゃなくて……」と指を差す方向を見たら私のお腹でした(笑)。

しまった！　この体はフレディじゃない！　悲しい現実を思い知らされました。これでは『ボヘミアン』を楽しみに来られるお客様の前に出るのは失礼に当たると頭を抱えました。そして、一念発起してダイエットを決意して、スポーツジムに入会しました。といっても応援上映までは5週間ほどしかありません。「ライブスタイル上映」に向けて、私の厳しい食事制限とハードなジム通いの日々が始まりました。

その頃、サンサン劇場ダンボール班も動き出しました。ダンボールでドラムセットとギターとベースを作り、クイーンになりきってもらうフォトスポット作りです。クイーンのライブでは、ドラムのロジャー・テイラーのバスドラムのデザインが毎回ファンを楽しませており、中でもロジャー自身の顔がデザインされたバスドラが有名です。

ある日スタッフがゲラゲラ笑いながら「完成したんで見てください」と言うので、連れて行かれると、私の顔のアップのバスドラができていました！　まぁ、笑ってもらえてなんぼだと思っているので別にいいのですが（苦笑）。

手芸班は、今回は手芸ではなく「Live do it」と書かれたライブエイドのパロディポスターを作ってくれました。本当のライブエイドのポスターはギターのシルエットが大きく使われていますが、パロディのポスターにも同じようなシルエットが見えたので、ギターかと思ってよく見てハッと気づきました。一瞬ギターと思えるシルエット、実は尼崎市の地図でした！　そして、その中にある★の部分が塚口なのです。尼崎市の形をギターに似せたのは素晴らしいセンスだと感心しました。

『ボヘミアン・ラプソディ』のクライマックスのウェンブリースタジアムは実際のライブくらいの迫力を体験してほしかったので、迫力ある音響調整をしました。特に途中の「we will rock you」での「ドンドンパッ」のドラムの「ドンドンパッ」がウーハーからもの凄い音圧で飛び出すものですから、劇場の上にある店舗の床が揺れていました。この重低音をきかせた音響が大変好評で、応援上映のチケットは一瞬で完売しました。

そして応援上映当日、クイーンのTシャツ、サングラス、革ジャンという「フレディ」たちが大勢早い時間から集まりました。本当にライブ前のテンションというか、あの独特の緊張感と高揚感が映画館でも生まれていました。そして、いよいよライブスタイル上映「塚口ウェンブリー」の始まりです。

フレディになりきって、クイーンファンの前に登場するのはとても不安でしたが、温かく迎えていただきました。前説のコール&レスポンスの「エーーーオ」は、場内の熱気に乗じて勢いだけで何とか乗り切りました。

ライブスタイル上映「塚口ウェンブリー」は毎回奇跡のような瞬間を見ることができました。上映終了後には塚口の空に大きな穴がはっきりと見えました！ ライブエイドでのあの一体感には毎回鳥肌が立ちました！ 本当に1985年のあの日、ウェンブリースタジアムにいた観客たちと同じようにクイーンのライブを楽しまれているのがもの凄く嬉しかったです。「RADIO GA GA」で涙を流しながら手を叩く人、「We are the champions」で隣の人と肩を組む人、必死にコール&レスポンスについていこうとする子どもたち、本当にすべてがとても美しく素晴らしい光景でした。これこそ映画を超えた最高の映画館体験だと実感しました。上映終了後も興奮冷めやらぬ状態で、皆とても幸せそうで、「塚口ウェンブリー」に参加された全員がチャンピオンです。

「サンサン劇場＝イベント上映」というイメージを持つ人もかなり増えました。応援上映、イベント上映に興味はありながら行ったことがないという人が初めての体験として当劇場に来られているようです。「映画館にもう一度足を運んでもらうきっかけになれば」という想いで続けてきましたが、徐々にその効果を実感できるようになってきました。

『ボヘミアン・ラプソディ』ライブスタイル上映によって映画館から少し足が遠のいた人たちを再び映画館へ呼び戻すことができました。ライブスタイル上映という「イレギュラー」な上映スタイルも受け入れられて一緒に楽しんでもらえたことで、応援上映のようなイベント上映が「一般的」に近い存在になってきたことは当劇場にとっては、背中を押してもらったような感じでした。

２０１９年４月は、80年代に「週刊少年ジャンプ」で一世を風靡した、新宿を舞台にした凄腕スナイパー冴羽獠の活躍を描いた人気アニメ『シティーハンター』の20年ぶりとなる新作『劇場版シティーハンター　新宿プライベート・アイズ』（２０１９年公開）を上映しました。

『シティーハンター』には主人公の獠がいつもパートナーの香《かおり》にぶん殴られる「１００ｔハンマー」と依頼を書き込む「掲示板」が必要です。劇場としてもっと盛り上げようと思い、作品中で依頼を表す「ＸＹＺ」をサンサン劇場ダンボール班に送りました。以前アニメ映画『KING OF PRISM』の時、巨大うちわを作成したように、今回は巨大ハンマーを作ってくれました。戦車、うちわ、ハンマー、もう完全にダンボールアートといっても過言ではないレベルです（笑）。もちろんダンボール製ですが、今回はいつも以上に頑丈に作られていました。なぜそこまで頑丈に作ったのかを聞きました。

「ハンマーは見るもんじゃなくて持ち上げるもんでしょ。持ち上げられないとファンが香になれないじゃないですか」

なんという職人魂！　鑑賞型展示物と見せかけて、実は持ち上げられるというまさに体験型展示物！　しかもこのダンボールハンマーが地味に重い。来場した人がメッセージを実際に書ける「掲示板」も作ってくれました。『新宿プライベート・アイズ』はロードショー公開時から大ヒットを記録し、その勢いを受けて全国の映画館で「〝もっこり〟かけ声応援上映会」が開催されました。もちろんサンサン劇場でも開催しました。黄色い声と笑い声が絶えない、とても賑やかで楽しい応援上映でした。

この映画は本編の後にもう一度クライマックスが来ます。そうです。TM NETWORKが歌うエンディング曲「GET WILD」です！　さすが20年歌い継がれている名曲は凄いです。曲が皆の体に染み込んでいるのがわかりました。もうそれは凄い大合唱！　ひょっとしたら『ボヘミアン・ラプソディ』を超えたのかも？　と思えるほどでした。サビの「♪Get Wild and tough」ではサイリウムがビシッと決まるし、誰も歌詞を間違えないし、とにかく最初から最後まで一体感のある応援上映でした。

すべて終わった後、地下1階待合室の掲示板のコメントを読んでいると、全国各地から来られているのがわかりました。これは『シティーハンター』に限らないことで、本当に有難いことです。当劇場で映画鑑賞＋αの楽しい思い出を作ってもらえたら嬉しいですし、その思い出を笑い話にしていただけたら、なおさら嬉しいです。

２０１９年4月30日は31年間続いた平成が終わり、5月1日から新たに令和という時代が始まりました。時代の変わり目という貴重な機会に相応しいことをしようと考えていました。２０１９年という年を考えるともうあの作品しかありません。日本が世界に誇る金字塔『AKIRA』です。元号をまたいで4月26日から5月2日まで上映しました。

『AKIRA』は、これまでにも上映をしてきましたが、今回はこれまでとは意味合いが違います。『AKIRA』で描かれる近未来が２０１９年なのです。さらに、劇中には翌年２０２０年に東京オリンピックが開催されるという設定です。まるで30年以上前に予言をしていたかのようです。80年代に漫画の『AKIRA』を読んでいた時、２０１９年は遠い未来のように感じていたのに、いつの間にか時代が『AKIRA』に追いついてしまったことがとても不思議な感覚でした。

昭和から平成になり、それでもまったく新鮮さを失わずに、むしろ年々リアリティが増していき、常に時代の最先端に居続け、その時々の若者に刺激を与え続ける作品はそうそうありません。きっと、『AKIRA』は新たな時代の人々にも見続けられると思います。昭和に生まれた『AKIRA』を平成最後に観た映画として記憶に残し、令和最初に観た映画が『AKIRA』ということを後世に語り継ぐ、そんなメモリアルな上映にしたかったのです。もちろん重低音ウーハー上映です。スタッフは今までで最強の音響に仕上げてくれました。1週間限定上映でしたが、連日満席が続き、Twitterを見ていると、多くの人が「平成最後に観た映画」と認識してくれていました。

以前より過去の映画を上映する時には、いかに「今」という時代にリンクさせることができるかを重要視してきました。凄く抽象的な言い方になりますが、それは「時代」や「空気感」をイベント化することです。そういう意味では今回の『AKIRA』もイベント上映といえるのかも知れません。

元号が変わるタイミングで『AKIRA』を上映したことで、「時代」や「空気感」をイベント化することを再度やってみようと考えました。

『ボヘミアン・ラプソディ』を7月13日に1日限定で復活上映しました。この映画のクライマックスは、1985年7月13日にロンドンのウェンブリースタジアムで開催された「ライブエイド」をほぼ完全再現したシーンです。ならば、この時と同じ日時にやればもっと盛り上がるのではないかと思ったのです。実は、2回目の「塚口ウェンブリー」が終わった後すぐにカレンダーをめくり、7月13日を見ると土曜日ではないですか！　当劇場のイベント上映は土曜日開催が基本なので、これは奇跡的な巡り合わせです。

こうして、「リアルタイム塚ロウェンブリー」と題して7月13日に1日限定の復活が決定しました。34年の時を超えて、当時と一体になれるのです。上映時間を組むのがなかなか大変でした。というのも、実際にクイーンが登場したのが18時41分でした。応援上映でも、「Her Majesty the Queen!」のセリフが18時41分に聞こえるようにしなくてはなりません。このセリフのシーンが映画開始から1時間54分後になりますので、18時41分から逆算をすると、16時47分に映画をスタートさせないとリアルタイムではなくなります。映画の上映だけなら、時間通り正確に再生できますが、「リアルタイム塚ロウェンブリー」ですので前説も必要です。これは難しい！　前説を16時47分ちょうどに終わるようにやらなくてはなりません。そもそも前説は毎回その場のノリでやってきたものですから、一体どれくらい時間がかかるか本人すらわかりません。

7月13日の16時35分に「塚ロウェンブリー」が開演しました。頭ではわかっていたのですが、久しぶりの「塚ロウェンブリー」にテンションが上がり、時間を見るのを忘れていました。気づいた時は血の気が引く思いでした。思わず慌てて「エーーーオッ」を始めようとしたら、場内でタイムキーパーをしてくれていたスタッフが飛んで来て、舞台の端をバンバン叩き出しました。

「まだ早い！　時計見て！　飛ばし過ぎ！」

スタッフからの必死のブレーキで、ちょっとした珍騒動になってしまいましたが、お陰で何とか奇跡的に16時47分に映画をスタートすることができました。

そして、いよいよ18時41分が近づいてきました。時計の針が18時41分を指した時に、「Her Majesty the Queen!」の声がスクリーンから聞こえました！　リアルタイム成功です！　34年前に、あの時のウェンブリースタジアムにいた観客と同じ時間をリアルタイムに体験していただけたのです。元号が変わる時に『AKIRA』を上映した時と同じで、「時間」をイベント化することができたのです。あの時と同じ時間を疑似体験できたのは貴重な機会だと思います。

8月には、吹奏楽に青春をかけた高校生たちを描いた京都アニメーション制作の『劇場版　響け！ユーフォニアム　届けたいメロディ』(2017年公開)、『劇場版　響け！ユーフォニアム　誓いのフィナーレ』(2019年公開)、『リズと青い鳥』(2018年公開)の

3作品を「京アニ特集」として上映しました。この「京アニ特集」は6月にはすでに決定していたのですが、7月に京都アニメーションで痛ましい事件が起きてしまいました。上映をするべきかどうかの判断に迫られ、悩んだ末に上映することを選びました。

「ご覧いただく方に楽しんでほしい」という気持ちを込めて製作された作品を、最高の音響でお客様にご覧いただくことが、サンサン劇場が今できる唯一のことだと思ったからです。お客様には映画に集中していただきたく、全作品すべての上映回を「静寂上映」にしました。とても辛い上映期間でした。上映後も、この時期に本当に上映をしたことが良かったのだろうかと物凄く悩みました。今もその答えはわかりませんし、上手く言葉にもできません。ただ、これからも京都アニメーションの作品を上映していこうと強く思っています。

夏の終わりに、これは個人的にも念願というか、絶対に面白いことになるし、自分がお客として参加したいと思っていた企画上映をしました。過去にも上映をした音楽映画の名作中の名作『ブルース・ブラザース』の応援上映です。この映画はとにかく音楽が最高過ぎるほど最高なのです。レイ・チャールズ、アレサ・フランクリン、ジェームス・ブラウンなど伝説のミュージシャンが多数出演して、名曲名演を聴かせてくれます。タイトルは、「THE BLUES BROTHERS《Saturday Rockin 'Blues Night》応援上映」にしました。お客様にはサングラスと黒のスーツ、または上下黒で決めてくださいとお願いをしました。基本的に歌と踊りがメインの応援上映ですが、1ヵ所だけクラッカーの使用をOKにしました。田舎のウエスタンのライブハウスで客席から大量のビール瓶がステージに投げ込まれるシーンです。

このシーンの時だけはビール瓶の代わりに散らからないクラッカーを全員で鳴らそうということにしました。上映が始まると歓声と歌声と手拍子が鳴りやまず、レイ・チャールズではモンキーダンス、キャブ・キャロイでは全員で「♬ハリハリハリハリホー」の大合唱、ライブハウスの瓶ビールのシーンで鳴り響く大量のクラッカー、最後のブルース・ブラザースのライブでは全員で手を掲げて「♬I need you! You! You!」と場内は完全にパレス・ホールと化して大盛り上がりで終了しました。

この日はこれで終わりませんでした。終了後に、「《SUNSUN CINEMA MUSIC NIGHT》」というDJイベントを開催したのです。映画館でDJイベントをやってしまったのです。もともと音楽は凄く好きで、洋邦新旧問わず年間かなりの数の音楽を聴いていますが、DJをしたことはもちろんありませんでしたし、するとも思っていませんでした。この数ヵ月前に、一度だけお遊びでDJまがいのことをさせてもらったら、これが思いのほか楽しかったのです。そしてまた悪い癖で「劇場でDJイベントをしたら面白いんじゃないか?」と思ってしまい、調子に乗って本当にやることにしたのです。ただ、映画館でしかも素人ＤＪがこんなことをしていいのかという一抹の不安もあったので、スタッフに相談しました。

「ええんとちゃいますか。サンサン劇場やったらＤＪイベントしても、誰もおかしいと思いませんよ」

それを聞いて、スタッフたちも普通の基準がだいぶおかしくなっているなと安堵しました（苦笑）。さて、そうと決まったら曲選びです。映画館という場所でするからには映画音楽にしよう、サンサン劇場で上映した映画の中から印象深い作品の音楽を集めようと思いました。ド素人なので、ＤＪスキルなんて皆無です。できることといえば、曲を右から左、そして左から右、これをただ延々と繰り返すのみ！　なので、とにかく1曲を短く大量の曲を刻んでいくことにしました。

この「《SUNSUN CINEMA MUSIC NIGHT》」は完全に営業終了後にするので、そのまま残ってもいいですし、このためにお越しいただいてもよいというフリーイベントにしました。開始時間は22時から1時間程度と夜遅いので、参加者には近くのコンビニでお酒や食べ物を買ってきてもらいました。学祭の打ち上げ感覚です。本当に多くの人が集まってくれました！　慣れないDJでグダグダにもかかわらず凄く盛り上がり、1時間ほどのイベントが、体感としては5分くらいに感じました。そして、最後に思わず「次はクリスマスにお会いしましょう」とノリと勢いで言ってしまったのです。そして、本当にこの年のクリスマスに2回目をやりました！　映画館という場所を身近に感じてもらうための方法はまだまだたくさんあります。映画館をもっと面白くできる可能性を感じられた夜でした。

9月に、熱狂的なファンを生んだアニメ映画『プロメア』を上映しました。『プロメア』は、アニメ製作会社「TRIGGER」がアニメーションを制作し、炎を自在に操ることができるミュータントと、火消しに魂を賭ける救命消防隊との戦いを描いたアクション映画です。上映決定の案内を、約3ヵ月前の6月末に出すとすぐに多くの反響がありました。そして、8月にはマサラ上映開催を発表するとさらに大きな反響。その期待の大きさに驚きました。

関西を拠点にしているWebマガジン「キネプレ」から、マーベル・スタジオやウォルト・ディズニー・アニメーション・スタジオの公式イラストレーターであるカズ・オオモリさんを紹介していただきました。実は、カズ・オオモリさんも『プロメア』にすっかりハマっているという話を事前に聞いていたので、それならばと、サンサン劇場でのファンアートの開催をお願いしました。ハリウッド作品を手掛けているアーティストに突然のお願いですが、快諾してくださいました。そんな経緯で、サンサン劇場が主催という形でカズ・オオモリさんの『プロメア』ファンアート展が決まったのです。

ちょうどその頃、『プロメア』を制作したアニメ製作会社「TRIGGER」代表の大塚雅彦さんが自身のTwitterで、サンサン劇場の『プロメア』マサラ上映についてツイートをされていました。これはチャンスだと、当劇場のマサラ上映へ誘ったところ、参加してもらえることになりました。

劇場では音響調整担当が数日かけて、『プロメア』の魅力のひとつである、粋な台詞の言い回しが、よりクリアに聞こえるように調整し、派手なアクションシーンと音楽とのバランスを考えて重低音ウーハー上映らしい音圧と音量と音質を最大限活かした音響調整で上映に臨みます。お客様はきっと映画の中に登場するマルゲリータピザが食べたくなると思い、提携しているイタリア料理店をまとめたチラシを配りました。このチラシが後日凄く役立つことになります。

いよいよ『プロメア』の上映が始まりました。平日にもかかわらず1回目の上映からほぼ満席というスタートを切りました。そして、カズ・オオモリさんのファンアート展を一目見ようという人たちで地下2階から1階まで続く大行列になりました！

マサラ上映には恒例の前説があります。『プロメア』は、音楽を担当された澤野弘之氏の曲が本当に素晴らしいのです。特に映画の冒頭でも流れる「Inferno」は、体の芯から熱く盛り上がる曲です。何かと芸達者なスタッフが多いサンサン劇場ですが、実は元ストリート系ダンサーがいるのです。


「最近踊ってる？」

「踊ってないですね」

「体は動く？」

「体は大丈夫です」

「よし。踊ろっか！」


半ば強引ではありましたが、その元ダンサーに前説で踊ってもらうことにしました。突然のダンスのお願いにもかかわらず、瞬時に意図を理解し、協力してくれるなんて、改めてスタッフに恵まれていることを実感しました。

『プロメア』マサラ上映の当日を迎えました。当日は、50枚限定でピザのデリバリー販売も行いました。すぐに予約でいっぱいになりましたが、ここで先ほどのイタリア料理店をまとめたチラシが活躍します。マサラ上映の日は、早い時間からお客様が劇場に到着します。サンサンマサラの格言に「腹が減ってはマサラはできぬ」というのがあり（笑）、ピザの予約が取れなかった人にはこのチラシを渡して、周辺のお店で食事をしていただくように案内しました。すると！　周辺のイタリア料理店で軒並みマルゲリータが完売。塚口というエリアからマルゲリータが消えるという謎の現象が起こりました。

夜に、「今日、来るお客さんがみんなマルゲリータを注文されるので、おかしいなと思って、これはたぶんサンサン劇場さんだと思って……何かあるんですか？」と電話がありました。『ガルパン』の時と同じ現象が『プロメア』でも起こりました。地元密着を大事に考える当劇場としてはとても嬉しい出来事でした。

開場時間になり、場内が埋まっていき、いよいよ『プロメア』マサラ上映が始まりました。この時、オレンジ色のつなぎとお客様がこの日のために作ってくださった『塚口開墾ビーム』と胸にプリントされたTシャツを着て登場しました。劇中のセリフをもじったこのTシャツは、前説で着てくださいとお客様がわざわざ作ってくれたものです。

場内に映画のオープニングを飾る曲「Inferno」が大音量で流れる中、ダンサーのスタッフが踊りながら客席をひとしきり煽り、その後私が続きました。

舞台上で曲に合わせて総立ちになったお客様を煽り、そして曲の途中で静かになるところで、マイクで「煽って盛り上げてなんぼの前説稼業。普通のマサラ上映と思われちゃあ塚口の名が廃る。どんな時でも完全燃焼。これが塚口の流儀だー!!」と叫んだのですが、これで終わったらよかったのにテンションが上がってしまい思わず言ってしまったのです。

「飛べーーーーー!!」

言った後に「あ、しまった!」と思ったのですが、もうその瞬間から場内は「Inferno」のサビに合わせてジャンプ! ジャンプ! ジャンプ! 場内が興奮のるつぼと化しました! 後日、大塚さんがTwitterで「生まれて初めて映画館でジャンプした」とツイートされていました(笑)。これが「Infernoジャンプ」と呼ばれるようになりました。

「Inferno」の盛り上がりが終わると次に歌舞伎の口上に移りました。『プロメア』は台詞に歌舞伎らしい言い回しが多くあります。口上とは、舞台上からするお客様へのご挨拶。YouTubeで何度も市川海老蔵さんの口上を見て練習しましたが、歌舞伎独特のテンポと抑揚がなんとも難しいのです。家でも練習して、当日も映写室の片隅でずっと練習しましたが、結局、本番はグダグダになりました。それでも、本当の歌舞伎で聞くような

「よっ！　塚口屋！」と大きな声をかけていただき感動しました。

　そんな踊りあり口上ありの前説が終わり、いよいよマサラ上映が始まると今までになかった緊急事態が発生しました。重低音ウーハー上映なのに、お客様の歓声があまりにも大きすぎて映画の音が聞こえないのです！　劇場の外は大慌てです。こんなことは初めてなので、どう対応するか緊急ミーティング。どうしようかとなった時に、音響調整担当が「やるだけやってみる」となんとその場でリアルタイム音響調整に挑んでくれました！映画を観ながら、お客様の歓声を聞きながら、音響をその場で調整をしてくれたのです。もの凄いテクニックが要求されます。少しのミスも許されない中、もうすべてがライブで行われていました。それほど、この日の『プロメア』マサラ上映は凄い盛り上がりだったのです。何が起こるかわからないライブ感は大変ではありますが、ある意味でとても楽しいものです。

　ハロウィンの季節になると「今年こそは！」と毎年のように言っていた、あの映画をやっと上映することができました。『ロッキー・ホラー・ショー』(1976年公開)です。『ロッキー・ホラー・ショー』は1973年にミュージカルとして生まれ、その後映画化されたのですが、公開当時は話題にはなりませんでした。ところがこの作品に心酔したある青年がニューヨークの映画館を貸し切って、コスプレをしてパーティーのように楽しむ上映会を始めます。それがじわじわと話題になり、『『ロッキー・ホラー・ショー』の楽しみ方』が誕生しました。それから40年以上経った今も、毎年ハロウィンの季節になると『ロッキー・ホラー・ショー』の上映会が世界中で開催されています。マサラ上映と応援上映とライブスタイル上映を全部足したような、おもちゃ箱をひっくり返したような上映会です。

10月に『ロッキー・ホラー・ショー』マサラ上映を開催することになり、イベント上映の元祖であり、まさにキング・オブ・カルト・ムービーが登場するということで大変大きな反響がありました。場末のカルト映画館が本領を発揮する時が来たのです！

マサラ上映の禁止事項も『ロッキー・ホラー・ショー』はこれまでの映画とは違います。「米を撒くのは禁止」「水をかけるのは禁止」「場内でライターの使用は禁止」「食べ物やトイレットペーパーを投げるの禁止」など。一体どんな上映会なんだと思われると思いますが、これが『ロッキー・ホラー・ショー』なのです。

冒頭のライスシャワーのシーンで定番とされている米を撒くシーンですが、ここで米を撒くのは禁止したので代わりに、これまで「食」と「作品」を結びつけてきたスタッフがブログで提案したのが、ティッシュペーパーを少しちぎって指先でこねて小さく丸めてお米のようにした「ティネリ米」です。この当時放映していた某バラエティ番組の無人島0円生活を思い出す方も多いと思いますが、1枚のティッシュから110粒のティネリ米ができるそうです。よくこんなアホなことを考えついたものです(笑)。

さて、当日、開場までまだまだ時間がある中、派手なコスプレをした人や煌びやかな女装をした人がどんどん集まりました。入場時には全員に新聞紙を配りましたが、知っている人は「持ってきたよ！」と言い、知らない人は「なぜ？」と戸惑っておられました。上映前から場内はとても賑やかでまるで宴会のようでした。前説では『ロッキー・ホラー・ショー』の鉄板ともいえる「タイムワープ」という曲で振り付けの練習を全員でしました。踊りはとてもシンプルなので初めての人もすぐに覚えられて、1コーラス目でほとんどの人が踊れるようになり、場内が盛り上がってきました。2コーラス目に入った時に、ふと最前列を見るとノリノリの2人組のお客様がいました。女性は主役のフランクン・フルター博士のコスプレをしていて、隣の男性は白衣を着ていたのですが、踊り過ぎて白衣の下に着ていた黒の下着が全開で見えていました(笑)。この2人組を見つけて咄嗟に2人を舞台に上げて一緒に踊りました。この日だけのご法度です。

上映が始まると冒頭すぐの結婚式で行うライスシャワーのシーンで、紙吹雪が舞う中、風船を投げ入れました。いつものマサラ上映とは違って数は数個です。なぜかというと、その風船の中に劇場招待券を入れていたからです。上映中に、お客様にランダムで劇場招待券をプレゼントしたのです。

ライスシャワーが終わると式に参列した家族が記念撮影をするシーンになります。その時、イベント上映で毎回写真撮影をしてくれるフォロワーの関西キネマ倶楽部さんと一緒に舞台に上がり、映画のシャッターと同じタイミングで上映中のお客様の記念写真を撮りました。堂々と舞台の上から盛り上がっているお客様を撮影したのはこの時だけです。『ロッキー・ホラー・ショー』だからできるご法度で、この写真が最高の1枚なのです。マサラ上映中に劇場の人間が写真撮影をするなんて思ってもいなかったと思うので全員が「えーーー!」と驚いた顔をしていました(笑)。

また、入場時に配った新聞紙は、劇中で雨の中、主人公たちが新聞紙を被ってお城へ向かうシーンで、同じように頭に被ってもらいました。これも『ロッキー・ホラー・ショー』の定番です。歌い踊り、きわどいツッコミが飛び交い最高に盛り上がっていきました。

クライマックスでフランクン・フルターがスクリーンいっぱいに映ると、先ほどの通路最前列に座っていたフランク博士の完璧なコスプレの人が立ち上がって中央通路に飛び出し、スクリーンとシンクロするという奇跡的な瞬間が生まれました。咄嗟に売店から

LED懐中電灯を持ってきて、そのコスプレの人を照らしました！　すると！　びっくりするほど美しいスポットライトになって、フランク博士がスクリーンから出てきたかと錯覚するほど何ともいえない幻想的な光景になりました。この瞬間の驚きは今もはっきりと覚えています。そして、そのまま最高の盛り上がりで終了しました。本当に大人の遊び心に満ちたハロウィンパーティーでした。

お客様が帰られる時、映画の神様が粋な演出をしてくれました。雨が降ってきたのです！　雨なのに皆大喜びで、映画と同じように新聞紙を頭に被って駅まで走って行くという嘘みたいな完璧なフィナーレでした。

12月はイベント強化月間として、毎週イベント上映を組み込みました。しかも1日2作品とか、とにかく詰め込めるだけ詰め込みました。特に、強化月間の最後を締め括った日のことは忘れることができません。

その日は、夕方から、世界的ミュージシャンのエルトン・ジョンの自伝を『キングスマン』シリーズのタロン・エジャトンがエルトン役を務め、吹き替えなしで歌唱シーンもこなした『ロケットマン』(２０１９年公開)の応援上映「12月21日の夜は塚口の生きがい」を開催しました。前半には「Saturday Night' s Alright for Fighting」のミュージカルシーンがあります。エルトンの名を広めた「Crocodile Rock」のライブシーンでエルトンが宙に浮くシーンでは、総立ちのお客様がみんな片足立ちで浮遊を再現されているのが最高でした（笑）。

映画は進むにつれてエルトンの壮絶な人生が描かれていきます。すると場内から聞こえてくるのは歌声ではなく、時折聞こえる拍手と次第に大きくなる涙をすする音だけになりました。映画はエルトンが立ち直ろうと前向きに一歩歩み始めるところで終わります。その時に流れるのが名曲「I'm Still Standing」です。『ロケットマン』応援上映は、パーティーが大好きなエルトンらしく楽しく笑顔で終わるのがいいと思い、最後は場内に入って私も一緒に踊りました。見渡すと、涙を流しながら笑顔で踊っているお客様の姿がとても感動的でした。エンドロールでは場内に大量の風船を投下して、泣いて、笑って、歌って、踊って、風船を飛ばして最高に「生きがい」を感じられる応援上映でした。

『ロケットマン』が終わると続いて『ボヘミアン・ラプソディ』ライブスタイル上映が始まりました。短い休憩時間の間に、急いでフレディへとなって、恒例の前説の「エーーーオ」をして、上映中もいつも通り何度も場内に入り、お客様を煽りました。この日はその『ボヘミアン・ラプソディ』ライブスタイル上映中に、地下待合室でトークイベントもしていたのです。『ボヘミアン』のライブシーンになると、トークイベントを一旦中座して、場内に煽りに入って、終わるとまたトークイベントに参加するということをしていました。中座している最中は、別のスタッフが入ってくれましたが、後から聞くと、中座している最中が大変盛り上がったそうです。

『ボヘミアン』ライブスタイル上映とトークイベントが終わった後、最後のイベント、「SUNSUN CINEMA MUSIC "Christmas" Night」と題して、夏に宣言した通り2回目のＤＪイベントを開催しました。今回も無料イベントにして、日本映画とアニメに絞った選曲にしました。夕方から残ってくださった人や、直前のイベント終わりにそのまま残った人、このために来られた人などで今回も大盛況となり、本当に有り難いです。

エルトン・ジョンからフレディになり、そのままトークイベントをして、最後はなんちゃってＤＪと目まぐるしい１日。１日に４つのイベントを詰め込むのは挑戦でしたが、楽しんでいただけたと思います。

まだ願望レベルですが、いつかサンサン劇場で「フェス」をしたいとずっと考えています。映画はもちろん、音楽、ライブ、演劇、ライブペインティング、お笑い、脱出ゲーム、地元店舗からの食事やお酒など様々なエンターテインメントをギュッと集めたサンサン劇場流のフェスをいつかできたらいいなぁと考えています。４つのスクリーンを、フェスのステージに見立てて、お客様は各シアターのタイムテーブルを見ながらその日のスケジュールを立てて、朝から晩まで1日中当劇場と塚口という街全体を楽しんでもらえるようなことができればと夢見ています。

第十二章　窮地に下を向かず、転機と捉えて上を向く

2019年から2020年の年越しは、大晦日と元旦の『プロメア』の応援上映でした。まだこの時は、数ヵ月後に世の中が一変するなんて思ってもいませんでした。12月のイベント強化月間の勢いをそのまま引き継いで、1月もイベントラッシュです。

前年5月に令和になったのですが、1月になってやっと「令和」が始まった感じでした。またまた「時代」をイベント化しようと思いました。これまで数々のイベント上映をしてきましたが、唯一していないジャンルがありました。それは「特撮ヒーロー」です。子どもの時、テレビの前で、ヒーローを一生懸命応援していたことを思い出し、ヒーローものこそ元祖「応援上映」だろうと、そこに「時代」をイベント化できる要素もあるのではと考えて、令和にあえて『平成仮面ライダー20作記念　仮面ライダー平成ジェネレーションズ FOREVER』(2018年公開)を1週間限定特別上映しました。

「平成」から「令和」へと時代が変わってもライダーは変わらないことを実感しても

らいたかったのです。この応援上映は異例の連携を持った応援上映でした。当日は梅田ブルク7（現Tジョイ梅田）で『仮面ライダー　令和　ザ・ファースト・ジェネレーション』の応援上映も開催されることになっていたので、双方で上映時間の打ち合わせをして、サンサン劇場の「平成」から梅田ブルク7の「令和」へと時代をまたいだ応援上映を楽しんでもらおうという企画でもありました。

当日は熱いファンが集まりました。サンサン劇場はイベント上映の時は幕間映像を制作します。動画の時もあれば、静止画の時もあります。今回の『平成ジェネレーション』応援上映は静止画でしたが、この画面に表示された当日の日付に驚くほどの反響をいただいたのです。

「平成32年1月13日」

この画像は凄い数のリツイートをされ、ちょっと笑ってもらえたらと軽いノリだったのですが、思いのほか多くの方に笑っていただけて凄く嬉しかったです。

1月はこの他にも、『ジョン・ウィック　パラベラム』『劇場版　うたの☆プリンスさまっ♪　マジLOVEキングダム』とすでに計3作品で応援上映をしてきました。

そして、応援上映4本目にして最強の作品が登場します！　国民的人気アーティストEXILEが主体となって不良たちの戦いや絆、友情を描いた「HiGH&LOW」シリーズ最新作にして、不良漫画の金字塔「クローズ」「WORST」との新たな展開が始まった『HiGH&LOW THE WORST』で、「『ハイローの祭りは塚口通せや！』『HiGH&LOW THE WORST』応援上映」を開催しました。

そして、応援上映の注意事項の中の「当劇場はご飲食のお持ち込みをしていただいて結構です」を強調しました。この『HiGH&LOW THE WORST』は劇中に「曲がったきゅうり」が登場します。「曲がったきゅうり」とはあえては言いませんでした。ファンならきっと察してくれると思ったからです。

当日は、早くから地下1階待合室はたくさんのファンでいっぱいになりました。これまでのマサラ上映や応援上映でもよく見る光景でしたが、この日はいつもと違っていました。あの注意事項をちゃんと察してくれて、皆さん手には「きゅうり」を持っていました。そして、各々が持って来た「きゅうり」の中で誰が一番曲がっているのか品評会が行われていました（笑）。前説では大変恐縮ながら、劇中の人気キャラクターの村山と同じく拡声器を持ち、舞台上からではなく、映画の中で重要なアイテムとして登場する脚立に乗って話しました。脚立の高い所から満席の場内を見下ろすと、みんながサイリウムではなく、きゅうりを振っているのが凄く面白かったです。

イベント上映だけではなく、舞台挨拶も連続で行いました。サンサン劇場では、2016年12月と2017年8月に『この世界の片隅に』を上映しました。この年の1月に『この世界の（さらにいくつもの）片隅に』の上映が決まりました。この作品は、『この世界の片隅に』に新たなシーンを追加して上映時間も40分ほど長くなっています。ただ、『この世界の片隅に』の「完全版」や「ディレクターズカット版」という作品とはまったく違う、新作になっていることに驚かされます。『（さらにいくつもの）』を観終わった時に『この世界の片隅に』を観た時と感想が違った人も多かったと思います。あまり体験したことのない映画体験だったと思います。これまで、片渕須直監督の作品を幾度も上映して「無言のラブレター」を送り続け、ついに2月24日に片渕監督の舞台挨拶が決定しました。

2月中旬頃から新型コロナウイルス感染症が流行り出したのですが、何とか開催することができました。当日は控え室で片渕監督に、あの「楠公飯プリン」も食べてもらいました。監督に差し出すと、「これがあの！」と言って嬉しそうな顔をして「美味しい」と言って全部食べてくださいました。

片渕監督はとても穏やかな語り口で、サンサン劇場に来たかったこと、車を飛ばして広島・呉へロケハンに行ったことなどを話してくださいました。舞台挨拶の2月24日は、主人公のすずさんが嫁入りをした次の日で、テル役の花澤香菜さんの誕生日の前日というとても巡り合わせの良い日だとおっしゃっていました。運よくこの日に舞台挨拶ができたのも、「無言のラブレター」を送り続けたお陰ではないかと思っています。

サンサン劇場が「音響にこだわる映画館」を目指したのは、２０１６年2月に『ガールズ&パンツァー』上映の際に、岩浪美和音響監督に音響調整に来ていただいてからなので、もう4年以上になります。今のサンサン劇場を作ってくれたのは岩浪さんだといっても過言ではありません。前年9月に岩浪さんが携わった作品を集めた特集上映「IWANAMI SOUND EXPO 2019」を開催しました。

タイトルに「EXPO」という文字を入れたのは、作品によって様々な音が展開されて、観るたびに新たな発見があり、「音響」という言葉で一括りにできないことから、「音をテーマにした博覧会」のように楽しんでほしいと思ったからです。「２０１９」と年を入れたのも、最初から毎年開催をするつもりだったからです。翌年は「IWANAMI SOUND EXPO 2020」を3週間開催して、さらに「Extra edition」としてもう2週間延長し、計5週間にわたって開催しました。

期間中に、私と岩浪さんのトークイベント「『映画の音の作り方／愛される映画館の作り方』岩浪美和×戸村文彦」も開催しました。岩浪さんとは、音響調整の時にたくさんお話をさせていただきましたが、トークイベントという形で、真面目に映画ついて語り合うことはなかったので、どんな内容になるかまったく予想がつきませんでした。結果的に満席となり、トークイベントは1時間の予定を大幅に超えて1時間30分ほどになってしまいました。クローズな空間ならではのオフレコ話もけっこう出てきましたので、詳しくは書けませんが、それもイベントの醍醐味かと思います。

2月中旬頃から、コロナウィルスの脅威がじわじわと劇場運営にも影を落とし始めました。日々変わる状況の変化に戸惑いながらも何とか営業を続けていくこととなります。次第に、上映が延期となる作品が増えていきました。予定していた作品が延期になると、急遽別の作品を入れなければならず、当面の番組編成を組むのが難しい状況になっていきます。

初めての事態ですが、今こそ下を向くのではなく、逆にサンサン劇場らしさを維持しなくてはいけないと思い、「史上最低の映画」としてカルト映画の不滅の地位を確立している『死霊の盆踊り』と、「史上最低の映画監督」と呼ばれたエド・ウッドの代表作『プラン9・フロム・アウタースペース』を急遽上映しました！　緊急事態とはいえこの2作品をなぜこの時期に上映をしたのか（笑）。なかなかの珍作ではありましたが、スクリーンで観ていただけること自体が奇跡といえる映画なので、まあこれはこれで楽しんでもらえたのかなと思います。

新作上映の公開が厳しくなってきた中でも、3月には当劇場にとって大事な作品である『KING OF PRISM』シリーズの歴代プリズムショーをベストテン形式で振り返る『KING OF PRISM ALL STARS プリズムショー☆ベストテン』を上映しました。『KING OF PRISM』といえば応援上映です。これまでもずっと応援上映をしてきましたが、今回は発声禁止です。サイリウムの使用はOKですが、これまでのような歓声は控えてもらい、バルーンやシャボン玉などの接触に配慮して、場内の装飾で賑やかに盛り上げることもすべて控えました。場内装飾もなく、歓声も上げることができない応援上映は一体どのような感じになるのか想像もできませんでした。しかし、応援上映が始まると、ファンの皆さんは、声が出せない代わりに手話で自分の思いを表現したり、サイリウムを数本使って文字を作ったりと、できる限りの楽しみ方を見つけていました。

場内は静かなのですが、ちゃんといつもの応援上映になっていました。ファンの皆さんのこの姿勢にはもの凄く勇気づけられましたし、刺激を受けました。3月が終わり4月に入る頃には、映画館がどうこうという話ではなく世界中が大変な事態になっていきました。

3月下旬より、緊急事態宣言という言葉を目にするようになります。情報も少なく、これが一体どういったことなのかいまいちよくわからず、ひたすらじっとしているしかありませんでした。結局4月8日より、コロナウィルス感染予防対策による緊急事態宣言を受け、一時休館の決断をしました。サンサン劇場は尼崎市なので、厳密にいえば兵庫県からの指示に従えばよいので、4月8日の段階では営業できました。ただ、市外、県外のお客様が多いことから、仮に営業をしてても交通機関利用時にもしものことがあってはなりませんし、スタッフの健康を最優先に考えなければならず、兵庫県からの要請を待たずに休館にしました。この時の休館が、本書を書くきっかけにもなったので、本書の最後にこの期間に考えていたことを書こうと思います。

休館の期間がとても長く感じました。何度も心が折れたのも事実です。一時休館は、5月末まで約2ヵ月続き、6月1日より営業を再開しました。再開にあたり、チケットカウンターへは飛沫防止クリアパーテーションをつけ、スタッフ全員がマスクとフェイスシールド、そしてゴム手袋をつけて接客にあたりました。入場時の検温と消毒の徹底、入れ替え時の座席の消毒、館内換気の徹底、トイレにはペーパータオルと、可能な限りの感染対策をしました。何月何日まで、というような期間が決まったことではなかったので、このまま閉まったままではないかと思っていたので、再開が決まった時は安堵の気持ちでいっぱいでした。でも、再開ができる嬉しさよりも、この状況でやっていけるのかという不安の方が大きかったというのが本音です。

不安はふたつありました。ひとつは販売座席数です。感染対策を考慮して座席は最低1席空けるようにと通達がありました。2020年6月頃はまだまだ感染対策をどこまでするべきかよくわかっていなかったので、できる限り安全な環境をと考えて、前後左右そして斜めの座席を空席とする異例の座席表を新たに設定しました。これにより稼働率は30%程度にまで落ちました。一時的とはいえ、長引けば劇場を運営していく上でボディーブローのようにダメージが蓄積するのは目に見えていました。しかし、こればっかりは我々にはどうすることもできません。あとは何とか1席でも多く埋めるためにはどうすれば良いかを考えるしかありませんでした。

もうひとつの不安、これが一番大きかったのですが、お客様が映画館に戻って来られるのかという根本的なことです。たった2ヵ月間で、映画鑑賞に対する意識が大きく変わったと感じていました。在宅ワークが日常的になり、巣ごもり需要で動画配信サービスの利用が増加し、新作映画の配信も加速していきました。映画を観るのに、映画館に行かなくてもいいんじゃないかという雰囲気が世間に広がっているように思えました。

できる限りの準備をして、再開の日を迎えました。映画館にお客様が戻ってきてくださるか不安な中、オープンの時間が近づいてきました。すると、劇場前に長蛇の列ができていたのです！　初回は0人でも致し方ないと腹を括っていたので、驚きと喜びで感極まる思いでした。と、ここまでは感動の営業再開の話なのですが、そう簡単にいかないのがサンサン劇場なのです。感動の営業再開最初のチケットが発券機から出ない！　チケット発券機のトラブル発生です。急遽手書きのチケットで対応となり、感動の瞬間が一瞬でなくなりました。

しかし、お客様は、これまでのサンサン劇場の行いを知っていて「何かをやれば、何かをやらかす」と思われている節があり、手書きのチケットを手に「きっと何かすると思っていたから、いい思い出になったわ」と笑って許してくださいました。申し訳なさと情けなさで、営業再開してすぐにどっと疲れました。

何とか営業を再開しても、番組編成は大変厳しかったです。当面は、休館で上映が中断した作品から優先的に再開し、続いて4月と5月に上映を予定していた作品を順に上映しながら、新しい作品を追加し何とか上映スケジュールを埋めていきました。しかし、新作映画の公開延期が相次ぎ、上映作品が足りなくなります。新作が出ないので、過去作や現在の上映作品を延長するなどして何とかスクリーンを埋めるためのやり繰りに頭を悩ませていました。

元々ロードショー公開作品が少ない番組編成でやってきたので、今までと大きな変化はないのですが、この先事態がいつ急変するかもしれない中では、先々まで予定を入れるのも躊躇します。日々の社会状況を鑑みつつ、自転車操業のような番組編成を余儀なくされました。

スクリーンを埋めるだけなら可能ですが、「何でもいいからとりあえず」というのもしたくありません。これまで自分たちが作ってきた劇場の色、ブランドを保ちながら新しい道を探ろうと思いました。

イベント上映を軸に劇場の方向性をその時々に考えてきましたが、コロナ禍ではイベント上映はできません。再開できる見込みもありません。テレビでは専門家が、最低あと2年は続くだろうと言っていたので、もうイベント上映はできなくなるだろうと考える方が自然でした。

さて、どうしたものか……、新作映画が少ない分、過去作で上映スケジュールを組み立てていく、ここに光明を見出すしかないと思いました。これまでも、「温故知新」として、新作映画を楽しんでいただくために過去作や名作を合わせて上映することを頻繁にしてきました。この経験は武器になる。その武器をどう使うかと考えた時、イベント上映ができないなら、番組編成をイベント化してしまえばいいと思ったのです。

「番組編成のイベント化」とは、関連作品や特集上映を常に開催している状況にするというものです。「○○特集」や「連続上映」など何かしら冠のついた上映作品がある状態です。これまでは特集上映や関連作上映はイレギュラーでしたが、必ず毎週最低ひとつは入れることにしました。特集上映は、実際はそんなに頻繁には組めないので、関連作上映が多くなりました。「俳優」や「監督」で繋がりを作るのが一番わかりやすいのですが、数に限りがあります。そこで「ジャンル」や「世界観」を大事に考えていきました。これなら可能性は無限に広がります。

ただ、この方法にも落とし穴があります。「特集」や「関連」というある種の制約を果すことで、上映作品は選びやすくなりますが、同時に観るお客様も絞られてしまうということです。興行的には決して悪いことではなく、動員が読みやすいので比較的安定感のある興行です。しかし、ずっと取り組んできた「映画ファンの裾野を広げる」ということを考えると、的を絞りすぎるのは違うと思いました。

熱心な映画ファンの期待にも応えていきたいので、組み合わせはできる限り「メジャーな作品とコアな作品」、両極端の2作品で組んでいくことにし、2作品以上の時はできる限り全体のバランスを重視しました。メジャーな作品で入り口を広げて、そこで気に入った人は、その入り口からもう一歩踏み込んだコアな作品を観てもらうというものです。すべての人が当てはまるわけではありませんし、時間もかかる方法ですが、これを地道に続けたことが結果的には良かったと思います。

「両極端」と「バランス」を重視することで、映画ファンの中でもライト層とコア層、また世間一般的な若い層と年配層、「特集」や「関連」という制約を果すことで狙いを絞ったにも関わらず、組み合わせ次第でオールターゲットに広げることができました。こうして、ある程度の動員の読みが可能になるだけでなく、オールターゲットによる未知の動員増の可能性が生まれ、コロナ禍でも何とか過度な動員減を食い止めることができました。

作品選定において、相乗効果を生むには、どんな組み合わせ作品を選ぶかにかかっています。知る人ぞ知るという作品群に振ることは容易です。しかし、裾野を広げることとは少し違います。決してマニアックと称される作品を悪くいっている訳ではありません。当劇場でも上映はします。しかし、裾野を広げる過程においては、ある程度機が熟す期間を設けないといけません。尖った作品群はインパクトはあるのですが、コロナ禍で新たな方向性を試行錯誤していた時期でしたので、一旦保留して、この窮地を乗り切った時に上映をしようと考えました。

コロナ禍で新作の本数が少なくなったために、上映作品を選ぶ際には、動画配信サイトを参考にしました。動画配信サイトを開くと、視聴可能作品のサムネイルがジャンルごとに画面いっぱいに並んでいます。そこから例えば、「日本映画」を選ぶと新旧様々な日本映画のサムネイルが出てきます。これを利用しようと思いました。これまでも上映作品を考える際に、大手劇場で上映されていた作品を中心に選んでいました。それは、公開時に劇場のロビーなどでお客さんがポスターやチラシを目にしているため、作品の認知度がある程度高まっているからです。コロナ禍で新作の本数が少なく、旧作の組み合わせを考えると、動画配信サイトのサムネイルがあの時の大手劇場のロビーと同じ役割になるのではないかと考えたのです。

この時期は本当に色々な作品を試行錯誤しました。ある意味、この時期あっての今であるといえます。どんな組み合わせだったのかをすべて紹介したいのですが、毎週のことでしたので、ここでは個人的に一番気に入っていた組み合わせをあげます。憧れの女の子のためにバンドを結成した少年の成長を80年代の音楽に乗せて描いた傑作『シング・ストリート　未来へのうた』（2016年公開）と、大林宣彦監督が、1960年代の四国を舞台に、ベンチャーズに憧れてエレキギターを手にロックバンドに情熱を燃やす高校生たちを描いた『青春デンデケデケデケ』（1992年公開）の組み合わせです。イギリス映画と日本映画、製作年代も20年以上も違う2作品ですが、この時期の当劇場の「思考回路」が非常にわかりやすい2作品だと思います。

営業再開をしても決して安堵できるような状況ではありませんでしたが、「お客様が再び映画館に戻って来てくださるのだろうか」という懸念への影響は、思ったよりも少なかったと思います。

しかし、４月の緊急事態宣言以降、ロックダウン寸前の状況で、経済はストップして、当たり前の日常が停止し、「不要不急」という言葉をよく見聞きしました。その中で、文化や娯楽がまるで「不要不急」の代表格のようにいわれていると感じたのです。個人的な思い過ごしかも知れません。しかし、「不要不急」という言葉が心の片隅に棘のように刺さったままでした。

これまで映画館に敷居があるならば、それを壊して誰もが気軽に楽しんでいただけるようにしたい、映画ファンの裾野を広げたいと思って様々なことをしてきました。しかし、「不要不急」という言葉を聞いた時、これまで取り組んできたことはまだまだ足りていなかったことを痛感したのです。もっと多くの人たちにとって文化や娯楽、そして「映画館」が《必要至急》の存在になるためにはどうすればいいのかをずっと考えていました。文化の大切さを訴えることも大事ですが、国難といわれる状況下で声高に自分たちの主義主張を訴えることにいささか違和感を感じていましたし、それはサンサン劇場らしくないとも思いました。世の中に寄り添って、映画館の存在意義を訴えるには、大変な時期でも

《楽しい》というフィルターを通すべきだという思いに至ったのです。

そんな時、たまたま見ていたニュースで、全国で夏祭りや花火大会が中止されたことについての街頭インタビューを受ける親子の映像を見ました。花火大会に着ていくために浴衣を新調したけど着る機会がなくなって残念という内容でした。ハッとしました。世の中の人が夏の定番の楽しみの花火大会や夏祭りが中止になったことを残念に思われているなら、映画館でそれをしたらいいじゃないかと思ったのです。

もちろん映画館の中で花火は打ち上げられません。でも、スクリーンの中なら打ち上げられます。早速、花火大会の映像素材を業務上映ができないか調べ、花火大会の映像を販売していて、しかもその映像素材を上映させてくれる会社を見つけました。そうして、実際の花火大会が中止でも、映画館で花火大会の映像を観て、いつもと違う花火大会を楽しむ「塚口流花火大会」という企画上映を8月にやることになりました。

これまでのイベント上映と同じように、花火大会でコスプレ（?）といえば浴衣です。お客様にはぜひ浴衣でお越しくださいとお伝えしました。作品にちなんだ飲食の販売は、ビー玉入り瓶ラムネにしました。ダンボールアートは、夏祭りを感じる祭りやぐらです。何より力を入れたのは、ウーハーを使用した特別音響調整の「花火サラウンド」です。この「塚口流花火大会」は大きな話題となりました。暗いニュースが多い中で、明るいニュースを映画館から世の中に発信できたことは大変良かったです。

映画館の強みである、大きなスクリーン、大音量の音響、ゆったりとした座席、クーラーの効いた空調設備など映画館の設備を活かした花火大会鑑賞は、安全で快適に花火を楽しめる新たなエンターテインメントになると思いました。ここでもお客様に驚かされます。花火大会といえば「たーまやー」という掛け声ですが、もちろんマスクをして無発声なので掛け声はできません。そこで、お客様は掛け声の代わりにビー玉入り瓶ラムネのビー玉を鳴らされたのです！　場内に響くカランカランというビー玉の音色。なんと雅で風流な掛け声なんでしょう。浴衣姿の家族連れも多く、コロナ禍でも少しは夏を楽しんでいただけたと思います。

２０２０年はコロナという未曾有の危機が到来し、緊急事態宣言による長期休館、営業再開からの苦難と激動の一年でした。当然売上は大幅に落ちました。休館を含む3月〜6月が原因です。しかし、7月以降は緩やかではありましたが順調に回復していきました。厳しい状況には変わりはなかったのですが、絶望に浸ることなく希望が見えていました。

エピローグ

２０１０年からのサンサン劇場を振り返ってきました。書き始めたきっかけはコロナ禍です。緊急事態宣言を受けて、長期の休館中に「tabloids」というタイトルで毎日配信をしていたコラムをまとめたものです。これまでも館内改装などで休館の経験はありましたが、期限の見えない休館は初めてのことで、大変厳しい状況になるのは間違いないと思っていました。

そんな中でも自分たちのやれることをやっていこうと決めていました。

それは、「休館中でも、塚口サンサン劇場であり続けること」です。そうと腹をくくれば、下を向かずに営業再開まで上を向き続けるしかありません。「サンサン劇場は元気にしています」ということを毎日発信することで、お客様の心配を和らげられるかもしれないと、毎日記事を更新していました。

「Twitterにも毎日ツイートしました。休館中なので上映内容をツイートすることはなかったのですが、それでも何かしらネタを探して発信を続けました。また、劇場前にはこれまで上映した印象深い映画をモチーフにしたメッセージボードを毎週更新して掲出しました。

配信していた「tabloids」の記事の中では、映画のタイトルの後ろに、その作品が鑑賞できる動画配信サイトを紹介しました。動画配信については様々な意見があると思いますが、映画館という場所を存続させるためには、映画に興味を持ち続けていただかなくてはなりません。映画そのものが必要ないということになれば、映画館はなくなります。動画配信が活況になることで映画への興味が再燃するのなら、動画配信は大歓迎です。

コロナ禍で映画館に行きたくても行けない人も多く、観客動員数の減少が目立つ中でも、より幅広い層にアピールをして、映画ファンの裾野を広げるためと考えれば、映画館で見逃しても動画配信サイトで観られるという状況は大切にしないといけないと思います。

そうなると「映画を家で観ることができる時代に、映画館は必要？」となるのは、当然のことです。でもこれは、昭和初期にテレビが普及した頃から言われてきたことです。映画館が抱える永遠の課題みたいなものです。インターネットの出現で、スマホやテレビ、パソコンなど、映画を観ることができる媒体は増えて、エンターテインメントのあり方自体も大きく変わりました。ただ、「映画を観る」という「目的」は失われていません。あとは、映画をどうやって観るかという「手段」について考えればいいだけです。昔は、その手段は「映画館」の一択でした。しかし、レンタルビデオが登場し、動画配信へと時代が変わってきた中では、映画館はその選択肢のひとつに過ぎません。映画館が選ばれるためにできることは、大きいスクリーンと迫力ある音響。これしかないと思います。

サンサン劇場は特に「音響」にこだわる劇場を目指しています。これは、特別な音響設備の有る無しのことではありません。年間数百本上映している映画のすべての作品に、どういった音響が相応しく、最適な音量はどのレベルかなど細かくチェックします。音量のレベルも、5・0なのか、5・1なのか、4・9なのか、わずか0・1の違いでも印象は大きく変わります。この0・1にこだわると作業時間は非常に長くなります。でも、これは絶対に妥協してはならないところです。この0・1をないがしろにすれば、すぐに映画館を選んでいただけなくなると思っています。

ここに書き切れない思い出はたくさんあります。

一番忘れられない、大事にしたい思い出があります。2001年に、サンサン劇場が場内改装工事を行い、「新装記念」の特別企画上映をした時のことです。その時、1953年製作の岸恵子主演のメロドラマの名作『君の名は』を上映しました。この『君の名は』のフィルムは状態があまり良くありませんでした。テスト上映では無事でしたが、上映当日はまあ切れる切れる‼ その度に、必死にフィルムをつなぎ直して上映中断と再開を何度も繰り返しました。

そしていよいよ、『君の名は』の一番の見せ場である数寄屋橋のシーンです。頼むからこのシーンは持ち堪えてくれと祈る思いでした。しかし、フィルムが切れそうな波打ちが出始め、「あ〜！」と頭を抱えながら、隣にいたスタッフを見ると、映写窓から映画を見ながら、「泣かせる映画やね〜」と泣いているではありませんか！ この状況で泣けるの⁉ と驚き過ぎて逆に冷静になれました（笑）。彼女の涙が奇跡を呼んだのか、なんとかフィルムは切れずそのまま映画は終了しました。

私はすぐさま場内に入り、度重なる上映中断をお詫びしましたが、お客様はいろいろお察しくださったのか、良かったよと声をかけてくださいました。そして、最後に場内から年配のご夫婦が私の前に出て来られました。お詫びを申し上げると、奥様が「気にしなくていいですよ」と優しく声をかけてくださり、「実はね、この映画を見るのは今日が2回目なの」と、隣にいるご主人をチラッと見て、ご主人に聞こえるようにこう言いました。

「初めてこの人と一緒に見た映画が『君の名は』だったの。またこうして2人で、映画館で一緒にこの映画を観られただけでも幸せです。ありがとう」

にっこり笑って奥様はそう言うと、照れ笑いをするご主人と2人でゆっくりとした足取りで帰られました。映画館は、私たちが気づかないたくさんのドラマが毎日のように起こっている場所なのだとしみじみ思いました。「映画館の存在意義」とはこういうことだと気づかされた気がしました。この思い出は、私にとっては原点のようであり、一生大事にしたい宝物です。

コロナ禍以前の社会には戻らないと思いますが、どんな状況でも知恵を絞れば、きっとできることはあります。やり方は変わっても、大事な部分が変わらなければきっとまた楽しいことができると思います。私たちは前に進み続けます。これからも塚口サンサン劇場をよろしくお願いいたします。

御礼

いつも塚口サンサン劇場を応援してくださる多くのお客様、塚口サンサン劇場を支えてくれるすべてのスタッフ、塚口サンサン劇場を変えてくれた岩浪美和音響監督、関西キネマ倶楽部始め塚口サンサン劇場に協力してくださる皆様、映画配給会社各位、文章の書き方を教えてくれた作家の増山実さん、そして、この本を誰よりも楽しみにしていた母、すべての皆様に心より感謝申し上げます。

特別対談

まちの映画館とまちの本屋さん

どっちも癖のもん、朝ごはんをたべるように来てほしい

塚口サンサン劇場　戸村文彦
×
小林書店　小林由美子

【小林由美子プロフィール】

1952年に両親がJR立花駅近くの商店街に創業した「小林書店」を継ぎ、夫とともに運営。2024年5月31日、惜しまれつつ72年の歴史の幕を閉じる。

塚口サンサン劇場のある尼崎市に、全国から人が訪れる小さな本屋「小林書店」がありました。店主の小林由美子さんは、安くて品質の良い傘を仕入れて驚くほどの数を売ったり、仲間の書店に声をかけて企画モノの本の予約を大量にとったり、店でビブリオバトルや朗読会など様々なイベントを開催したり、思いついたことをなんでもやっているうちに、多くの人が応援団になっていきました。戸村氏とどこか重なるこの精神。この二人が初めて出会いました。

■小さな映画館と小さな本屋の共通点

小林　戸村さんは、支配人をされているのですか。

戸村　私は、塚口サンサン劇場で仕事を始めて20年以上になります。よく「館長」「支配人」と呼んでいただけますが、実際はただの営業部のひとりです。しかし、当劇場のような小さな映画館は、肩書きはニックネームみたいなもので、接客から番組編成から企画立案まで何でもやらないといけません。その延長で今回この本を書きました。

小林 原稿を読んで、「これ私のことやん」「まちの本屋のことやん」って思いました。私のことを取り上げたドキュメンタリー映画を、各地のミニシアター上演してもらって、全国に行ったんですが、みんな明日閉めようかという映画館ばかりで、私ら本屋とまったく一緒やった。みんな、もうあきらめてる。でも戸村さんとこは違う。だから生き残ってるんやと、凄く感動して、絶対にこれはまちの本屋に読んでもらわなあかんって思いました。

戸村 ありがとうございます。

小林 映画館では映画は黙って観るもんやと思ってました。静かに観て、泣いたり笑ったりして帰ってくるのが当たり前やと思ってたのに、サンサン劇場は違うやん。映画を観ながら紙吹雪をまいたり、大きな声を出したり、コスプレしたり。そうか、一緒に楽しむってそういうことかって。本屋もただ本を買う場所じゃなくて、まちの人がコミュニケーションをとれるような場所にならないかんって改めて思いました。戸村さんの原稿読んで、わくわくしてきたんです。

戸村　そう言っていただけるとありがたいです。劇場に来ることによって友達ができて、サンサン劇場に行けば誰かいるだろうとなる。劇場としてもとっても嬉しいことです。劇場を通じて人の輪が広がっていくような場所になってほしい。極端に言えば映画を観なくても友達に会いに来るのが目的でもいいんですよ。そういう場所があるべきだと思うんです。

僕も小林さんの本（『仕事で大切なことはすべて尼崎の小さな本屋で学んだ』川上徹也著）を読んで、何とエネルギッシュな、とびっくりしました。おすすめの本を紹介しあう「ビブリオバトル」のように、自分もやろうと思ってたイベントがいくつも出てきました。

小林　うちのビブリオバトルは、自分の好きな本を5分間で人が読みたくなるように紹介するんです。その後、質問を受けるんだけど、絶対に相手を責めたり、困らせたり、否定したりするような質問はしないという紳士協定があるんです。

戸村　それがいいですね。本の中にも登場しますが、当劇場でお客さん同士による映画の感想を語り合うトークイベントをした時も、勝ち負けや優劣なんてなかったんです。本でも映画でも、読んだ人の感想が大事で、その人がそう思えば、それが正解だと思うんです。いくら傑作だと言われても、見た人が全然面白くなかったと思ったら、それはその人にとって面白くない映画でいいんですよ。他では、ビブリオバトルが本当にバトルになっているところもあって、それが面白みの一つかもしれませんが、バトルだけだと、気軽に自分の感想を言いにくいと思うのです。

■やれることを徹底的にやる

小林　私のところは阪神大震災で被災して、すっからかんになってしまって、何かせなあかんと思って、一生懸命やったことの積み重ね。お尻に火がついてたからね。傘を売ることにしたのもそのためで、この傘なら売れる、お客さんに喜ばれる、とピンときた。でも、仕入れたいと言っても、メーカーは片手間に売られては困るという姿勢だったんです。だからメーカーが命がけで作っているものを、どんなに素晴らしいか、きちんとお客さんに伝えて売ろうと思ったんです。置いとくだけで売れるわけはないしね。

戸村　我々も自分たちが「面白い」と信じて上映する映画ですから、やはり多くの方に観ていただきたい。そのためには、知ってもらって、興味をもってもらわないといけない。だから、自信を持って、うんと大きい声を出して、大勢の方に伝えようという気持ちでいます。

小林　最近は他の本屋でも雑貨なんかを置いてるけど、店員だけじゃなくて問屋ですら「それのどこがいいと思ってるの?」って聞いても説明できない。靴下を売るのに「今売れてるんです」って営業トークだけで、今履いてる私の靴下とどこがどう違うか説明してもらわなかったら買いません。安いからとか、これ売れてるらしいよって言われても、買う理由にならない。私はこの傘がいいと思ったから、イベントに出店して売りに行ったし、徹底的に説明して、安売りもせずに30年やってきました。

戸村　その傘を凄くたくさん売られたんですね。本当に自分がいいと思ったら、それを推す勇気と工夫が必要だと思うのです。

小林　そうですね。本屋を継いだ頃は、膨大な出版物を全部読めるわけじゃないから、この本が一番面白いって言い切る自信がなかった。だけど開き直って、私が今、この本が面白いと思ってる、それでいいんじゃないかと。

戸村　そうですね。映画を観た後、本を読んだ後、どう思うかは人それぞれでいいんですから。本屋も映画館も癖というか習慣みたいなもので、1冊買ったら、1本観たら、次もまた行く。1回止まるとなかなか復活しないんです。だからお客さんとのコミュニケーションは大事だと思います。

小林　最近では、「お客さんと喋るな」と言う大手書店があるらしいです。いらんことに時間使うなと。笑い話みたいやね。私は逆にお客さんといっぱい喋ってる。

戸村　僕もお客さんに話しかけられたら、仕事の手を止めてでも話します。スタッフたちも同じです。お客さんが映画を観てるより長い時間喋ってても、それでいいと思うんです。映画と関係ない話になってたとしても、ただ映画を観るだけの場所では面白くないと思うのです。

小林　関係性ができるとみんなが助けてくれるね。うちは夫婦ともに年をとって、シャッターの開け閉めが厳しくなった。そしたら通りがかりの人が、毎朝通るから開けてあげるって、毎日9時に来てくれた。閉める時もシャッターの音がしたら、となりの整骨院の先生がとんで来て閉めてくれた。長いことここで商売させてもらってると、そういうコミュニケーションができるんですね。ありがたいですわ。

戸村　昔ながらの商店街のいいところですよね。塚口もこの立花も古くからの商店街ですね。

小林　立花商店街は元気です。それは役員さんが、上手に若い人に世代交代して任せてるから。自分がまだできる段階で見守りながら、若い人がやりたいようにやらせてる。跡継ぎがなくて閉めたり商店会の会員をやめる人もいるから、若い人も大変やけど頑張ってる。戸村さんとこも若い人が活躍してますね。

戸村　そうですね。今の時代を生きてるのは若い人なので、若い人が考えることが今の時代の正解だと思うんです。我々のような過去の人間が口出しても、ずれてることがある。逆に若い子たちは、いろんなアイディアはあるけど、形にする術がわからない。僕らはそれを形にした経験があるから、そこを手伝ってあげればいいと思っています。

■場を残すということ

戸村　商店街といえば、神戸市灘区の水道筋商店街は、にぎやかですね。新しい小さな店がたくさんあって、それぞれが個性的で頑張っている。実は、あのあたりにうちの会社が経営していた西灘劇場があったんですが、２００４（平成16）年に閉めました。もうひとつ、西脇市にあった西脇映画劇場も２０１７（平成29）年に閉めたんです。閉めたあとに行った時に感じたのが、まちから映画館がなくなったことによって、見慣れた風景が全く別のものになっていた。僕の感傷的なものかもしれないですが、急に静かになったような感じがして……。

小林　それは、まちの人も同じやと思うわ。

戸村　西脇の劇場を閉める１週間ぐらい前に、常連さんだった高齢の女性が、映画を観終わった後に、「今までありがとう、今日が私の人生最後の映画館で観る映画」と言われたんです。いえ、西脇から１時間ほど行けば神戸三宮があるし、隣の三田市にも映画館がありますよ、って言ったら、「都会に住んでる人はそう言うけど、年をとって田舎に住んでたら、その距離ですらもう行けないのよ」って。その言葉に、このまちにある意味というのを、実感したんです。

僕らからすれば、塚口は交通インフラが整ってるから、どこからでも来れると思ってしまってるんですが、そうじゃない人たちがいっぱいいるんですね。だからこそまちに映画館があるなら、残さなきゃいけないって思うんです。

塚口は、大阪梅田や神戸三宮、西宮北口にも近くて、それこそ15分くらい電車に乗れば映画館に行けます。けれど塚口周辺の、70代80代の人が三宮の繁華街に頻繁に映画を観に行けるかというと、なかなか行けなかったりします。

やっぱり潰れない映画館にしないといけない。だからこそ小林さんが傘を売ったのは凄くよくわかるんですよ。肝心なことは、ここの場所を残すことなんです。そのためだったら違うことを取り入れてもいいじゃないか、そこで発想を変えられるかどうかだけです。僕たちは、ここを残すためにはどうするかと考えて映画館をガラッと変えました。

小林　大きい店は、上の決裁をとったり、周りに説明せなあかん。でも、個人店は自分がやろうと思えば全責任をもって、何をしてもいいわけ。戸村さんは、とにかく思いついたらこれやろう、次に行こうって。映画館でこんなことができるって私は思いもしなかった。映画館のイベントで常連さんがチラシ配ったり、イベントを意識的に盛り上げたりとか、凄い。

戸村　シネコンにはシネコンの良さがもちろんあって、サンサン劇場には、うちならではの良さがあるだろうし、本屋でも、個人店と大型店の違いがあって、それぞれが特徴を活かせばいいんですよね。いろんな選択肢があった方がお客さんも楽しいと思います。

■バランスをとりながら工夫する

戸村　やりたい映画はいっぱいありますが、売上げが上がらないと判断した時は時期を改める勇気も必要ですね。上映のタイミングはとても重要なので、バランスを取りながら上映作品を決めています。ひとつのジャンルに偏らないように、意図的に逆方向に持っていったり、トータルで見ています。本もバランスと手間をかけることが重要ですよね？

小林　そうです、これは読んでほしい、売れるって思ったら、覚悟を決めてたくさん仕入れて、どーんと面で積む。時々、本のレイアウトを変える、ＰＯＰをつけるなど、目をひくような工夫をします。そこにあって当たり前だと思われてしまうと素通りされるんです。

戸村　前に学生さんに、「商売をしたいけど、どうやって人を集めたらいいですか」って聞かれました。矛盾するようなことを言うけれど、「人を集めたければ、まず人を集める」って答えたんです。まずはとにかく人を集めること。人が集まるところに、人が集まると思うんです。いろんな手段を講じて、まずは人を集める。そこからどれだけのお客さんを残せるかという次の展開を考える。2手先ぐらいまでを考えた上で仕掛けることが必要だと、いろいろ経験してわかりました。幸いうちの会社はやりたいようにやらせてくれるところだったんで、いろいろチャレンジすることができたんですけどね。地方都市の映画館も厳しい状況という話は耳にしますし、サンサン劇場も厳しいことには違いありませんが。

小林　でもへこたれず、次々に打って出てはる。

戸村　下向いたところで人は来てくれないですし、武士は食わねど高楊枝みたいな、はったりでも空元気でいいと思うんですよ。駄目だ駄目だって言ってしまえば、本当にそっちに飲み込まれていっちゃうんで。

小林　近くに大きな店ができたから、もうあかんわって言う本屋がいる。でも、大きい店の横やからやれることあるはずって思います。向かい合うべきは、自分のところのお客さんであって、よその本屋じゃないし。自分のところに来てくれるお客さんは何を望んでて、どうすれば喜んでくれるのかを考えたら、小さい店でもやっていけるはずなんです。

サンサン劇場で上映されているのを観たいがために、新幹線に乗って遠くから来るとか、凄いですね。スタッフの皆さんや同じ趣味の人との出会いとか、その場が好きというのがあるんでしょうね。あそこに行ったら楽しめると。

戸村　そうですね、そう思っていただければとてもありがたいですね。

■未来に向かって

戸村　本文にも書きましたけど、コロナ禍で緊急事態宣言が出て、不要不急の対象として、真っ先に映画館があがったのはショックでした。元々映画は庶民の娯楽から始まって、いろんな荒波を乗り越えて、先輩たちが続けてきてくれた文化です。でも、映画館が本当に必要だったら、不要不急のリストに上がらなかったと思うんです。もっともっと地域の人に来てもらえるように、世間の人に「必要な場所」として認めてもらえるように、人に寄り添う方向に目が向いています。

小林　というと？

戸村　今までは、誰も思いつかなかったことをやろうとしていましたが、逆にもっと話を聞いて、その人たちの生活に入り込めるようなことをしなきゃいけないなと。そうすると、まちの人が、あそこを守らなきゃって思ってくれるかもしれない（笑）。それくらい近しい存在にならないといけないと思います。

明らかに時代は変わっていますす。コロナ禍を乗り切ったからよかった、じゃなくて、あの3年間で経験したことを生かさないといけないですよね。映画館の状況はまだコロナ前に戻り切れてないですが、じわじわと上がってはきています。

小林　本屋は店の数、売上ともにコロナ前より下がってる。私も年やし、2年ほど前から出ていた背中から腰の痛みがひどくなって、商品の出し入れすら辛い。でも、今、私ができることは何だろうと考えることが楽しくて、決心がつかなかったけど、31日（2024年5月）に店を閉めることにしました。

今までの無理がたたったと医者は言うけど、その力まかせの日々があったから今がある、少しでも手を抜いていたら続けられていなかった、そう思うんです。

ほんまにこの本は本屋さんに読んでほしい。そして、まちで活躍する人たちにも。そうおもたら、あらゆる人に読んでほしい。一家に一冊やね。

まちの映画館がこれだけやってはる、どんな立場の人でも、できることはいっぱいあるって。この本は、絶対に多くの人に届けなあかん、考えることはやめられへんし、この本もあるし、そう思たらなんかわくわくしてきたわ。私にもまだできることはいっぱいあるって。この本は、絶対に多くの人に届けなあかんわ。

『KUBO クボ　二本の弦の秘密』に
ちなんだ千倍鶴

塚口サンサン劇場
“ダンボール班”
〜作品集〜

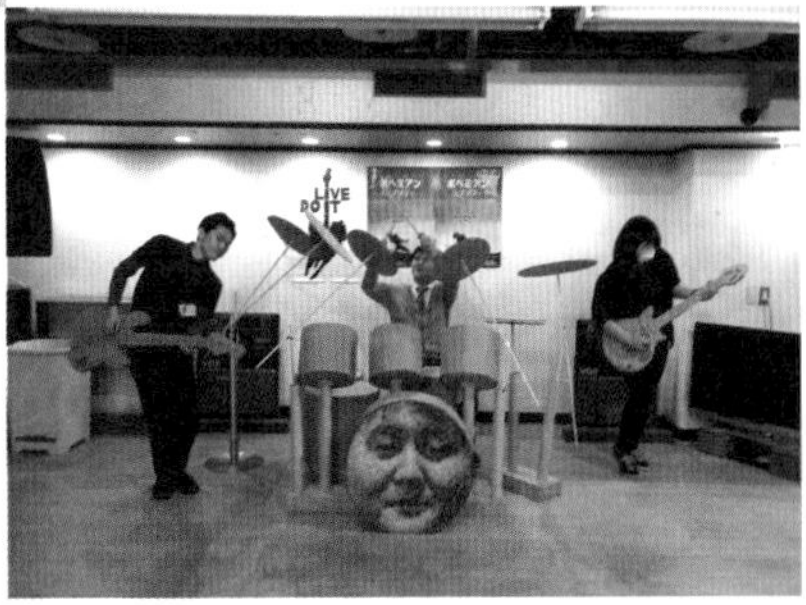

『ボヘミアン・ラプソディ』ではバスドラムに著者の顔が!

『シティハンター』に不可欠な100tハンマー

『ガールズ&パンツァー』ダンボール戦車原型

完成したダンボール戦車１号

『ガールズ&パンツァー』の学園艦をモチーフに作られた劇場周辺ミニチュア

「塚口さんさんタウン」もリアルに再現

戦車がところどころに配置されている

『RRR』マサラ上映の際の著者

まちの映画館　踊るマサラシネマ

2024年5月27日初版第一刷発行
2024年6月18日　　第二刷発行

著　　者　戸村文彦

発 行 者　内山正之

発 行 所　株式会社西日本出版社
http://www.jimotonohon.com/
〒564-0044
大阪府吹田市南金田1-8-25-402

【営業・受注センター】
〒564-0044
大阪府吹田市南金田1-11-11-202
TEL.06-6338-3078　FAX.06-6310-7057
郵便振替口座番号　00980-4-181121

編　　集　ウエストプラン
デザイン　LAST DESIGN
写真協力　関西キネマ倶楽部（P2,4,6,204）
印刷・製本　株式会社光邦

ISBN978-4-908443-41-1